Thomas Schirmer
iPad für Späteinsteiger

Thomas Schirmer

iPad für Späteinsteiger

iCloud • iOS • iTunes • App Store

Bibliografische Information der Deutschen Bibliothek

Die Deutsche Bibliothek verzeichnet diese Publikation in der Deutschen Nationalbibliografie; detaillierte Daten sind im Internet über http://dnb.ddb.de abrufbar.

Satz: www.buch-macher.de
Herausgeber: Ulrich Dorn
art & design: www.ideehoch2.de
Druck: GGP Media GmbH, Pößneck
Printed in Germany

ISBN 978-3-645-60221-1

Inhaltsverzeichnis

Vorwort

Wenn Sie dieses Buch in den Händen halten, haben Sie sich ein iPad zugelegt oder planen zumindest ernsthaft, dies zu tun. Dazu kann ich Ihnen nur gratulieren und Ihnen aus eigener Erfahrung versichern, dass Sie diese Entscheidung nicht bereuen werden! Das iPad ist nach mehrjähriger Alleinherrschaft zwar längst nicht mehr das einzige hochwertige Tablet auf dem Markt, aber immer noch das beste. Und wissen Sie, warum? Weil es kinderleicht zu bedienen ist.

Sobald Sie einige wenige Grundvoraussetzungen geschaffen und sich kurz mit der Bedienung vertraut gemacht haben, werden Sie Ihr iPad gern in die Hand nehmen und es mit großer Selbstverständlichkeit benutzen.

Was Sie dann konkret mit Ihrem iPad machen, ist ganz allein von Ihrem Bedarf und Ihren Interessen abhängig. Ihr iPad wird erst durch die Apps, die Sie damit nutzen, zu Ihrem individuellen und unverzichtbaren Begleiter. Bei einem Gesamtangebot von mehreren Hunderttausend dieser kleinen Programme, die Sie entweder via iTunes über Ihren Computer oder direkt aus dem App Store auf Ihr iPad laden, gibt es Apps für alle nur möglichen Einsatzbereiche. Mit ein paar Fingertipps machen Sie Ihr iPad zum Fotoalbum, zum Videokonferenzgerät, zum Lesegerät für E-Books, zur Spielekonsole, zum Navigationssystem, zum Heimkino, zum Stimmgerät, zum Kompass, zum Einkaufszettel, zum HDR-Fotoapparat und Videorekorder, zum Wecker, zum Diktiergerät, zum Kreditrechner, zur Fernbedienung, zum Astronavigator, zum Wanderführer, zum Flugschreiber, zum Barcode-scanner, zur Wasserwaage – diese Aufzählung ließe sich seitenlang fortsetzen. Ja selbst als Massagegerät und – kein Witz! – gegen Kopfschmerzen können Sie Ihr iPad einsetzen.

Wie die Apps auf Ihr iPad kommen, ist schnell erklärt und natürlich Gegenstand dieses Buchs. Hier erfahren Sie aber auch, wie Sie Ihr iPad einrichten und bedienen, welches Zubehör es dafür gibt und wie die Standard-Apps funktionieren, die auf Ihrem iPad auf jeden Fall vorhan-den sind. Darüber hinaus gibt es diverse Praxisbeispiele für die vielen unterschiedlichen Einsatzmöglichkeiten, die Ihnen Ihr iPad bietet. Das Buch liefert Ihnen also nicht nur das notwendige Grundlagenwissen, sondern gibt Ihnen viele Anregungen, das schier unendliche An-wendungsspektrum Ihres iPads selbst zu erkunden.

1 Das richtige iPad für Sie

Das iPad gibt es in unterschiedlichen Modellen und Ausführungen. Falls Sie sich noch nicht für ein bestimmtes iPad entschieden haben oder ein altes durch ein neues iPad ersetzen möchten, gibt Ihnen dieses Kapitel eine kleine Kaufberatung: Sie lernen die Unterschiede zwischen den einzelnen Modellen kennen und können entscheiden, welches Modell für Sie das richtige ist. Sollten Sie bereits im Besitz eines iPads sein, finden Sie hier noch einige Anregungen für nützliches Zubehör, mit dem Sie Ihr iPad ausstatten können.

Das iPad gibt es nicht nur in zwei unterschiedlichen Größen als iPad mini und iPad Air, sondern auch in unterschiedlichen Ausführungen. (Foto: Apple)

1.1 iPad Air oder iPad mini?

Die allererste Entscheidung, die Sie treffen müssen, betrifft die Größe Ihres iPads. Sie haben die Wahl zwischen dem iPad 2 bzw. dem iPad Air, die beide ungefähr 24 x 18,5 Zentimeter groß sind, und dem iPad mini, dessen äußere Abmessungen etwa 20 x 13,5 Zentimeter betragen. Obwohl die Zentimeterangaben nur einen relativ kleinen Unterschied aufweisen, werden Sie erstaunt sein, wie verschieden die beiden Geräte wirken, wenn Sie sie tatsächlich in der Hand halten. Gefühlt ist das iPad mini dann nämlich nur noch halb so groß wie seine großen Brüder. Außerdem wiegt es lediglich gut 300 Gramm und ist damit nur etwas mehr als halb so schwer. Leider kostet das iPad mini nicht die Hälfte eines normalen iPads – gegenüber einem iPad 2 sparen Sie gerade einmal 90 Euro, gegenüber einem iPad Air mit vergleichbarem Bildschirm sparen Sie ebenfalls nur 90 Euro.

Kaufen Sie nicht blind, sondern probieren Sie aus!

Auch wenn es iPads nicht überall zu kaufen gibt, wo Computer und Smartphones angeboten werden, finden Sie in jeder größeren Stadt einen Elektronikmarkt mit einer Apple-Abteilung oder sogar einen Apple-Händler, bei dem Sie auch die unterschiedlichen iPad-Modelle inspizieren können.

Grundsätzlich ist die Größe der einzige Unterschied zwischen einem iPad und einem iPad mini. Wenn Sie beide Geräte nebeneinanderlegen und einschalten, werden Sie sehen, dass auf beiden exakt das Gleiche zu sehen ist und sich beide auf exakt die gleiche Weise bedienen lassen.

Welche Größe für Sie besser geeignet ist, hängt ganz davon ab, was Sie mit Ihrem iPad vorhaben. Klar, ein kleines iPad ist wesentlich einfacher zu transportieren und wesentlich leichter zu handhaben: Im Gegensatz zum großen iPad können Sie das iPad mini mühelos mit einer Hand halten und oft sogar mit einer Hand bedienen. Das ist ideal, wenn Sie damit im Bett oder auf der Couch ein Buch lesen oder einen Film schauen. Das iPad mini hat nicht nur einen größeren Kuschelfaktor, auch als Navigationsgerät im Auto oder

Segelflugzeug ist ein iPad mini deutlich besser geeignet, weil es sich leichter unterbringen lässt.

iPad mini und iPad unterscheiden sich tatsächlich nur in der Größe voneinander. (Foto: Apple)

Sie können das iPad mini mühelos in einer Hand halten und es mit dieser Hand auch noch bedienen. (Foto: Apple)

Weniger ideal ist das iPad mini, wenn Sie damit im Internet surfen oder längere Texte schreiben möchten. Sie müssen dann die relativ kleine Darstellung der Internetseiten immer wieder vergrößern, um Details erkennen zu können, und werden manchmal Mühe haben, auf der kleinen Tastatur, die Ihnen „virtuell" auf dem Bildschirm des iPad mini angezeigt wird, die richtigen Tasten zu treffen. Außerdem ist die Kleindarstellung natürlich dann ein Problem, wenn Sie ohnehin leichte Sehprobleme haben, die Sie noch nicht oder nicht mehr angemessen mit einer Brille oder Kontaktlinsen korrigiert haben. Klein ist nämlich wirklich klein und ein Grund mehr, die iPads vor dem Kauf auszuprobieren.

Ein Vorteil des kleinen Bildschirms ist, dass dort alles gestochen scharf und brillant darstellt wird, da die Bildpunkte eng nebeneinanderliegen. Vergleichen Sie die Darstellung des normalen iPad mini mit einem größeren iPad 2, wird Ihnen das Bild deutlich weniger scharf und weniger brillant vorkommen. Eine vergleichbare Schärfe und ähnlich knackige Farben bietet erst das deutlich teurere große iPad Air mit Retina-Display, dessen Auflösung – gemeint ist damit die Anzahl der Bildpunkte, die der Bildschirm darstellt – doppelt so hoch ist. Noch schärfer und knackiger ist die Darstellung auf dem iPad mini mit Retina-Display, das allerdings nur 90 Euro weniger kostet als das iPad Air.

Im direkten Vergleich mit dem iPad mini ist die Größe des iPad Air so beeindruckend, dass Sie wahrscheinlich gleich alle beide anschaffen wollen – das kleine zum Rumlümmeln und das große für die ernsthafte Nutzung.

1.2 iPad 2 oder iPad Air?

Wenn Sie ein iPad 2 und ein iPad Air vor sich haben, ausprobieren und direkt miteinander vergleichen, entscheiden Sie sich mit einiger Sicherheit sofort für die 100 Euro teurere Air-Variante. Die schärfere Darstellung macht sich besonders bei Textdarstellungen bemerkbar. Sollten Sie Ihr iPad auch zum Lesen von Büchern oder zur intensiven Internetrecherche mit langen Textpassagen einsetzen wollen, sollten Sie nicht zögern, die zusätzlichen 100 Euro zu investieren.

iPad 2 und iPad mit Retina-Display im Direktvergleich. (Foto: Apple)

Planen Sie hingegen, Ihr iPad vorrangig als mobiles Heimkino, als Navigationsgerät oder als Fotoalbum einzusetzen, genügt auch ein iPad 2. Bei der Wiedergabe von Filmen und Fotos macht sich der Darstellungsunterschied weniger stark bemerkbar.

Das iPad Air ist einem iPad 2 jedoch nicht nur in der Darstellung, sondern auch in der Geschwindigkeit überlegen. Das ist auch kein Wunder, schließlich ist das iPad 2 ein veraltetes Vorgängermodell des aktuellen iPad Air. Besonders deutlich zeigt sich die geringere Geschwindigkeit bei Spielen, die oft besondere Anforderungen an die Leistungsfähigkeit stellen. Haben Sie Spaß am Spielen, gönnen Sie sich ein iPad Air.

1.3 Mit oder ohne Mobilfunkverbindung?

Eine weitere Grundsatzentscheidung, die Sie treffen müssen, betrifft die Internetverbindungsmöglichkeiten Ihres iPads. Denn Internet muss sein: Ein iPad ist nicht nur Ihr mobiles Schaufenster ins Internet, es bezieht auch Aktualisierungen (Updates), Programme (Apps), Daten, E-Mails und alle möglichen anderen Informationen aus dem Internet. Jedes iPad ist zu diesem Zweck mit einem WLAN-Modul ausgestattet, das sich drahtlos mit einem WLAN-Zugangspunkt (Router, Access Point oder HotSpot) verbinden kann. WLAN steht für „Wireless Local Area Network", also „drahtloses lokales Netzwerk", und wird auch als WIFI bezeichnet.

Die Abkürzungen WLAN und WIFI bezeichnen dasselbe – einen drahtlosen Internetzugang.

Internetzugang über Telefonkabel oder Kabelanschluss

Für die Zugangsmöglichkeit müssen Sie zu Hause selbst sorgen, indem Sie zum Beispiel einen DSL-Vertrag mit Internetflatrate bei einem der großen Telekommunikationsanbieter wie Telekom, 1&1 oder Vodafone abschließen. Alternativ können Sie den Internetzugang auch bei einem Kabelanbieter buchen und über einen Kabelanschluss einrichten. Um die WLAN-Verbindung ins Internet herstellen zu können, benötigen Sie dann einen WLAN-Router bzw. ein Kabelmodem mit WLAN-Modul. Die meisten Anbieter stellen Ihnen das erforderliche Gerät kostengünstig oder sogar völlig kostenlos zur Verfügung. Sollten Sie bereits einen Internetzugang nutzen oder anderweitig Zugriff auf das Internet haben, finden Sie unter der Adresse *www.toptarif.de* eine tagesaktuelle Anbieter- und Tarifübersicht mit Verfügbarkeitsprüfung.

Ihr iPad erkennt den WLAN-Zugang automatisch, Sie müssen es bei der ersten Nutzung einmalig mit einem Zugangskennwort anmelden (wie das genau funktioniert, erfahren Sie in Kapitel 3). Die WLAN-Verbindung ist schnell und sehr komfortabel, da Sie sich mit Ihrem iPad im Umkreis des WLAN-Zugangspunkts frei bewegen können. Wie groß dieser Umkreis ist, hängt von der Beschaffenheit der Wände und Decken ab. Üblicherweise können Sie sich mit Ihrem iPad 10 bis 20 Meter vom Zugangspunkt entfernen, bis die Verbindung abbricht. Weiter nicht.

WLAN-Zugangspunkte gibt es auch in vielen öffentlichen Gebäuden, Hotels, Bahnhöfen, Flughäfen und den meisten gastronomischen Betrieben. Allerdings ist deren Nutzung oft kostenpflichtig oder wie bei Universitäten und Stadtbibliotheken an eine Benutzerregistrierung gebunden.

WLAN-Verbindungen sind also immer stationär und damit lokal eng begrenzt. Diese Begrenzung können Sie aufheben, indem Sie Ihr iPad per Mobilfunk mit dem Internet verbinden. Dafür muss es allerdings mit einem Einschub für die SIM-Karte eines Mobilfunkanbieters ausgestattet sein und über die entsprechenden Sende- und Empfangsmodule verfügen. Dies ist nur bei den iPads der Fall, die den Zusatz „Cellular" und „3G" tragen.

SIM-Karten für iPads

Die notwendige SIM-Karte für Ihr iPad bekommen Sie, wenn Sie bei einem Mobilfunkanbieter wie Telekom, 1&1, Vodafone oder O2 einen Vertrag abschließen. Alternativ können Sie auch die Angebote großer Discounter wie Aldi oder Lidl nutzen. Bei vielen Anbietern gibt es auch Datentarife ohne Vertragsbindung. Aus Kostengründen sollten Sie sich für eine Datenflatrate entscheiden, die es bei den meisten Anbietern bereits für weniger als 10 Euro gibt. Bei diesen preisgünstigen Verträgen können Sie die volle Geschwindigkeit der mobilen Internetverbindung allerdings nur für ein begrenztes Datenvolumen nutzen. Ist das vereinbarte Datenvolumen überschritten, wird die Internetverbindung automatisch langsamer, Sie können sie aber beliebig lange weiter nutzen, ohne einen Aufpreis zahlen zu müssen. Wollen Sie die schnellere Verbindung länger nutzen, müssen Sie ein teureres Tarifmodell mit einem höheren Datenvolumen wählen. Achten müssen Sie dabei auf jeden Fall auf die Größe der SIM-Karte: Für das iPad mini benötigen Sie eine Nano-SIM-Karte, für das iPad 2 und das iPad Air eine Micro-SIM-Karte.

iPads mit dem Zusatz „3G" oder „Cellular" können sich auch per Mobilfunk mit dem Internet verbinden.

Mit der Mobilfunkoption sind das iPad mini und das iPad Air 130 Euro teurer, beim iPad 2 sind es 120 Euro. Auch hier zeigt sich das Alter des iPad 2: Während iPad mini und iPad Air alle aktuellen schnellen Mobilfunkstandards inklusive LTE beherrschen, funkt das iPad 2 noch mit dem deutlich langsameren 3G-Standard.

1.4 16, 32, 64 oder gar 128 GB Speicher?

Die letzte Entscheidung, die Sie treffen müssen, betrifft die Größe des Speichers, mit dem Ihr iPad ausgestattet sein soll. Außer beim iPad 2, das ausschließlich mit einem 16 GB großen Speicher angeboten wird, haben Sie die Wahl zwischen Speichergrößen von 16, 32, 64 und 128 GB. Da Apple für jede Verdopplung des Speichers satte 90 Euro verlangt, sollten Sie bei der Speicherausstattung eher kleckern als klotzen. Ein großvolumiger Speicher von 64 oder gar 128 GB ist nur dann wirklich notwendig, wenn Sie Ihr iPad als Foto-, Video- oder Musikarchiv nutzen möchten und ständig direkten Zugriff auf mehrere Tausend Fotos und Musiktitel sowie Dutzende Videos haben wollen. Dadurch, dass Sie die Möglichkeit haben, Inhalte auszulagern und bei Bedarf entweder von einem Computer oder aus dem Internet wieder auf Ihr iPad zu übertragen, reichen 32 GB Speicher erfahrungsgemäß auch dann aus, wenn Sie das Gerät intensiv nutzen.

1.5 Wo kaufen?

Die folgende Tabelle zeigt Ihnen alle iPad-Modelle und Ausstattungsvarianten sowie die Preise, die Apple dafür in seinem Internetshop, dem Apple Store, im November 2013 verlangt.

iPad mini	iPad 2	iPad mit Retina Display
Wi-Fi	Wi-Fi	Wi-Fi
16 GB 329 €	16 GB 399 €	16 GB 499 €
32 GB 429 €		32 GB 599 €
64 GB 529 €		64 GB 699 €
		128 GB 799 €
Wi-Fi + Cellular	Wi-Fi + 3G	
16 GB 459 €	16 GB 519 €	Wi-Fi + Cellular
32 GB 559 €		16 GB 629 €
64 GB 659 €		32 GB 729 €
		64 GB 829 €
		128 GB 929 €

Modelle, Ausstattungen und Preise im Überblick. (Quelle: Apple, Stand: 11/13)

Sie erreichen den Apple Store über die Internetadresse *www.apple.de*. Dort können Sie sich Ihr Wunsch-iPad zusammenstellen und direkt versandkostenfrei bestellen. Ist allerdings ein Apple-Händler in erreichbarer Nähe, sollten Sie Ihr iPad auf jeden Fall dort kaufen. Sie haben dann einen direkten Ansprechpartner für Ihre Fragen, können unterschiedliche Modelle ausprobieren und sich anschauen, welches Zubehör es gibt.

Augen auf bei Billigangeboten

Da Apple-Geräte sehr preisstabil sind, gibt es normalerweise nur sehr geringe Preisunterschiede zwischen Versandgeräten, die Sie im Internet zum Beispiel bei Apple selbst oder bei Amazon bestellen, und Geräten, die Sie vor Ort bei einem Händler kaufen. Geräte, die deutlich billiger angeboten werden, sind meist keine Neugeräte, sondern generalüberholte Gebrauchtgeräte – der englische Begriff dafür lautet „refurbished" –, die Apple Händlern zum Weiterverkauf, aber auch direkt in seinem Apple Store anbietet.

2 Zubehör, das man braucht

Das einzige Zubehör, das bei Ihrem iPad mit dabei ist, ist das Netzteil, das Sie benötigen, um das Gerät entweder über eine Stromsteckdose oder einen Computer aufzuladen. Das Kabel, das das Netzteil mit dem iPad verbindet, ist nämlich gleichzeitig ein USB-Kabel, das Sie in den USB-Anschluss eines Computers (PC, Mac, Notebook, Tablet) einstecken können. Das Angebot an Zubehör für Ihr iPad ist aber riesig. Das Spektrum reicht von Hüllen und Schutzfolien über Halterungen, Ständer, Adapter, Tastaturen, Eingabestifte, Kopfhörer und Lautsprecher bis hin zu Personenwaagen, Fluggeräten mit Kamera, ferngesteuerten Modellautos, Golfschwunganalysesensoren und Kochthermometern. Was davon für Sie sinnvoll ist, können nur Sie selbst entscheiden.

Zubehör für Ihr iPad gibt es nicht nur von Apple, sondern auch von vielen anderen Herstellern. (Foto: Apple)

2.1 Cover, Smart Cases, Hüllen und Taschen

Obwohl Ihr iPad hart im Nehmen ist, sollten Sie sich auf jeden Fall eine Abdeckung für den Bildschirm (engl. cover) oder eine Hülle (engl. case) anschaffen. Abdeckungen und Hüllen gibt es in vielen unterschiedlichen Ausführungen von Apple, aber auch von vielen anderen Herstellern.

Smart Cover und Smart Case von Apple

Apple selbst hat das iPad Smart Cover und das iPad Smart Case im Angebot, deren Funktionalität und Design auch richtungsweisend für die Abdeckungen und Hüllen anderer Hersteller sind. Das Besondere daran ist nämlich, dass Sie Ihr iPad damit nicht nur schützen, sondern auch aufstellen und dadurch wesentlich komfortabler benutzen können. Die Bildschirmabdeckung ist in vier Segmente unterteilt, die Sie zu einem Ständer falten können, mit dem Sie das iPad je nach Ausrichtung entweder um etwa fünf Zentimeter anheben oder aufrecht hinstellen können.

Sie können die Abdeckung des Smart Cover und des Smart Case auch zum Anheben ...

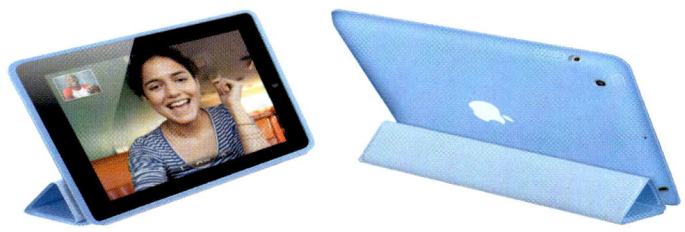

... und zum Aufstellen Ihres iPads einsetzen. (Fotos: Apple)

Das Smart Cover dockt mit einer Magnetleiste am iPad an und hat damit immer einen sicheren Stand. Benötigen Sie das Smart Cover nicht, können Sie es mit einem kleinen Ruck vom iPad lösen. Äußerst praktisch ist, dass in das erste Segment des Smart Cover ebenfalls ein Magnet integriert ist. Dadurch erkennt das iPad, ob Sie das Cover öffnen oder schließen, und reagiert entsprechend: Öffnen Sie das Cover, schaltet es sich ein, schließen Sie das Cover, wechselt es in den Ruhezustand.

Während das Smart Cover lediglich den Bildschirm sicher abdeckt, besitzt das Smart Case zusätzlich dazu eine kratz- und schlagfeste Kunststoffschale, die auch noch die Rückseite Ihres iPads schützt. Ob das notwendig ist, hängt davon ab, wie Sie Ihr iPad einsetzen. Benutzen Sie es hauptsächlich in Ihrer häuslichen Umgebung, reicht ein Smart Cover allemal. Ist Ihr iPad Ihr ständiger Begleiter, den Sie in Taschen und Aktenkoffern mit sich herumtragen, ist es durch das Smart Case besser geschützt.

Das Smart Cover aus Polyurethan kostet 39 Euro, das aus Leder 69 Euro. Das Smart Case ist nur aus Polyurethan erhältlich und kostet 49 Euro.

Die meisten Billigkopien sind qualitativ minderwertig

Abdeckungen und Hüllen, die dem Smart Cover und dem Smart Case nachempfunden sind, gibt es von Fremdherstellern für weniger als 10 Euro. Die Qualität der allermeisten Billigkopien ist jedoch so minderwertig, dass die Falze der Abdeckung bereits nach einigen Wochen brechen oder die Magnete nicht stark genug sind, um die Abdeckung sicher zu halten. Kaufen Sie ein Billigprodukt nur dann, wenn Sie andere Käufer kennen, die damit auch längerfristig gute Erfahrungen gemacht haben.

Kenner empfehlen das Moshi VersaCover

Kenner empfehlen immer wieder das VersaCover von Moshi. Das VersaCover, das es für iPad mini und das große iPad gibt, besteht aus einer Schale aus Polykarbonat, die die Rückseite Ihres iPads vor Kratzern und Stößen schützt, und einer Abdeckung aus Mikrofaser, die auch mit einem Magneten ausgestattet ist, sodass das iPad das Öffnen und Schließen erkennt. Im Gegensatz zum Smart Case von Apple können Sie Ihr iPad damit aber nicht nur im Querformat, sondern auch im Hochformat aufstellen. Außerdem bietet Ihnen das VersaCover noch mehr Aufstellwinkel. Das Hochformat und die Aufstellwinkel erreichen Sie dadurch, dass Sie die Mikrofaserabdeckung auf unterschiedliche Weise falten. Die Falttechnik, die der Abdeckung auch die Bezeichnung „Origami-Faltcover" eingebracht hat, ist leicht zu lernen.

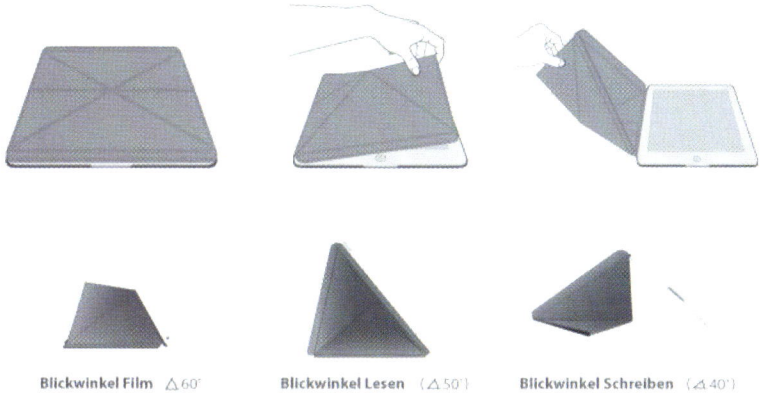

So falten Sie die Origami-Abdeckung des VersaCover. (Grafik: Moshi)

Das VersaCover ist in drei Farben erhältlich und kostet im Fach- und Versandhandel etwa 50 Euro.

Mit dem VersaCover können Sie Ihr iPad auch im Hochformat aufstellen. (Foto: Moshi)

Das DODOcase mit dem gewissen Etwas

Großer Beliebtheit erfreuen sich auch Cases in Buchform. So soll etwa US-Präsident Obama sein iPad mit einem DODOcase schützen. Falls Sie es ihm gleichtun wollen, können Sie das DODOcase je nach Ausführung für etwa 25 bis 75 Euro im Fach- oder Versandhandel erwerben. Das DODOcase wird in einem kleinen Familienbetrieb in San Francisco handgefertigt und besteht aus den Materialien Bambus, Schaumstoff und Kunstleder.

Mit dem DODOcase sieht Ihr iPad aus wie ein großes Notizbuch, kann aber auch angehoben und aufgestellt werden. (Fotos: DODOcase)

Hüllen und Taschen für jeden Geldbeutel

Sollten Sie sich nicht mit einem Cover oder Case anfreunden können, gibt es jede Menge Hüllen, die meist auch über einen Aufsteller verfügen, und Taschen in allen Größen und Formen, die mit einem Einschubfach für Ihr iPad ausgestattet sind. Die Bandbreite reicht von einfachen Einschubhüllen über Schulter- und Kuriertaschen, traditionelle Aktentaschen und Rucksäcke bis hin zu modischen Damenhandtaschen. Auch hier gilt: am besten ausprobieren. iPad-geeignete Hüllen und Taschen finden Sie im Apple Store sowie in Apple-Verkaufsstellen und Elektronikfachmärkten, darüber hinaus aber auch in großen Kaufhäusern in der Koffer- und Taschenabteilung.

Hüllen und Taschen für Ihr iPad gibt es in den unterschiedlichsten Formen und Preisklassen. (Fotos: Côte et Ciel, Michael Kors, AO Ally Capellino, Marshall Bergman)

2.2 Eingabehilfen: Tastaturen und Stifte

Setzen Sie Ihr iPad häufig zum Schreiben von längeren Textpassagen ein, könnte der Einsatz einer externen Tastatur sinnvoll sein. Bevor Sie sich allerdings dafür entscheiden, sollten Sie der virtuellen Tastatur, die auf Ihrem iPad automatisch erscheint, sobald Sie eine Texteingabe vornehmen können, eine echte Chance geben. Auch wenn es Ihnen am Anfang ein wenig schwerfallen wird, auf der virtuellen Tastatur zu tippen, ohne irgendeinen Gegendruck zu verspüren, werden Sie sich schnell daran gewöhnen. Es gibt viele iPad-Nutzer, die auf der virtuellen Tastatur lieber und vor allem wesentlich schneller schreiben als auf einer „richtigen" Tastatur. Ist das bei Ihnen jedoch nicht so oder sollte es Sie sehr stören, dass die virtuelle Tastatur immer einen recht großen Teil des ohnehin kleinen iPad-Bildschirms verdeckt, können Sie natürlich auch eine externe Tastatur einsetzen.

Externe Bluetooth-Tastaturen

Die gute Nachricht ist, dass Sie jede externe kabellose Tastatur, die ihre Signale mit dem Funkstandard Bluetooth überträgt, schnell und einfach mit Ihrem iPad verbinden können. Das Angebot an Bluetooth-Tastaturen ist groß. Besonders empfehlenswert sind Tastaturen von Markenherstellern wie Logitech, Hama und Perixx. Von Perixx gibt es zum Beispiel das PeriBoard, eine Klapptastatur, die Sie sehr leicht transportieren können. Das PeriBoard kostet in der Standardausführung etwa 35 Euro, in der hochwertigeren Aluminiumausführung etwa 55 Euro.

Das PeriBoard von Perixx verfügt über einen Klappmechanismus. (Fotos: Perixx)

Apropos Aluminium. Apple selbst bietet auch eine Bluetooth-Tastatur aus Aluminium an, die sehr hochwertig ist und wegen ihres typischen Apple-Designs sehr gut zum iPad passt. Das Apple Wireless Keyboard kostet 69 Euro.

Was der Apple-Tastatur fehlt, ist ein Ziffernblock. Sollten Sie diesen benötigen, können Sie ihn zusätzlich erwerben. Der drahtlose Ziffernblock Your-Type wird zwar nicht von Apple selbst, sondern vom Zubehörhersteller Belkin angeboten, passt aber im Design und in den Abmessungen exakt zur Apple-Tastatur und kostet 59,95 Euro.

Das Wireless Keyboard von Apple ist sehr dünn und sehr stabil. (Fotos: Apple)

Cover mit integrierter Tastatur

Wenn Sie ein Tastaturtyp sind und die Tastatur überall und ständig bei Ihrem iPad dabeihaben möchten, ist für Sie ein Cover mit integrierter Tastatur die optimale Lösung. Die besten und haltbarsten Tastatur-Cover gibt es von Logitech. Das Ultrathin Keyboard Cover ist aus Aluminium gefertigt, dockt mit einer Magnetleiste an das iPad an und ist mit einem Akku ausgestattet, dessen Ladung bis zu sechs Monate halten soll. Tastatur und Innenleben sind in Schwarz, Rot und Weiß erhältlich. Die Tastatur dient gleichzeitig als Ständer für Ihr iPad, das Sie damit hoch oder quer hinstellen können.

Das Logitech Ultrathin Keyboard Cover kostet 99,95 Euro, die kleinere Variante für das iPad mini erhalten Sie für 79,95 Euro.

Beim Ultrathin Keyboard Cover von Logitech ist in die Schutzabdeckung eine Tastatur integriert. (Fotos: Logitech)

Das FabricSkin Keyboard Cover besteht nicht aus Aluminium, sondern aus Kunststoff. Es ist dafür aber noch ein wenig schlanker und leichter, umschließt das iPad komplett und ist auch auf der Tastaturseite mit einer flüssigkeitsabweisenden Beschichtung versehen. Das Tastatur-Cover ist in fünf frischen Farbkombinationen erhältlich, die Ihr iPad auch zu einem modischen Accessoire werden lassen. All das hat allerdings seinen Preis: Das Logitech FabricSkin Keyboard Cover kostet immerhin 149 Euro. Eine identische kleinere Version für das iPad mini gibt es nicht. Vergleichbar ist das Ultrathin Keyboard Folio für das iPad mini, das 79,95 Euro kostet.

Das FabricSkin Keyboard Cover schützt Ihr iPad rundum. (Foto: Logitech)

Hier helfen Eingabestifte weiter

Sind die Finger zu groß oder die Schalt- und Tippflächen zu klein, kann ein Eingabestift helfen. Möchten Sie auf dem Bildschirm Ihres iPads zeichnen oder tatsächlich schreiben, ist ein Eingabestift sogar fast ein Muss. Da der berührungsempfindliche Bildschirm Ihres iPads nicht auf Metall- oder Holzstifte reagiert, benötigen Sie einen speziellen Eingabestift, dessen Spitze von Ihrem iPad erkannt wird.

Derartige Eingabestifte sind bereits für ein paar Euro zu haben. Viele Billigstifte sind zusätzlich sogar noch mit einer Kugelschreibermine ausgestattet, die Sie statt der Bildschirmmine wählen können. Wie immer gilt aber auch hier der Grundsatz: Finger weg von Billigangeboten! Was nützt Ihnen ein billiger Eingabestift, wenn er bereits nach wenigen Wochen auseinanderfällt? Auch ist die Kombination aus Eingabestift und Kugelschreiber am gleichen Ende nicht optimal, da es mit einiger Sicherheit irgendwann dazu kommt, dass Sie mit der Kugelschreibermine auf dem Bildschirm Ihres iPads herumkratzen. Der iPad-Bildschirm ist zwar hart und widerstandsfähig, es könnte aber dennoch passieren, dass Sie dort Kratzspuren hinterlassen. Hochwertig, ergonomisch optimal geformt und langlebig sind dagegen die Eingabestifte von Markenherstellern wie Wacom und Adonit, die wahlweise auch mit integriertem Kugelschreiber erhältlich sind, der sich aber gut geschützt am anderen Ende des Stifts befindet.

Die Stifte der Serie Bamboo Stylus von Wacom haben statt einer Mine einen Gummiknubbel, der recht dick aussieht, mit dem sich aber dennoch recht präzise zeichnen und schreiben lässt. Bamboo-Eingabestifte kosten je nach Ausführung etwa 15 bis 25 Euro.

Die Eingabestifte der Serie Jot Pro von Adonit sind mit einer druckempfindlichen Spitze ausgestattet, die in einer kleinen Kunststoffscheibe ruht. Sie zeichnen sich durch ihre besondere Präzision aus und kosten zwischen 20 und 30 Euro.

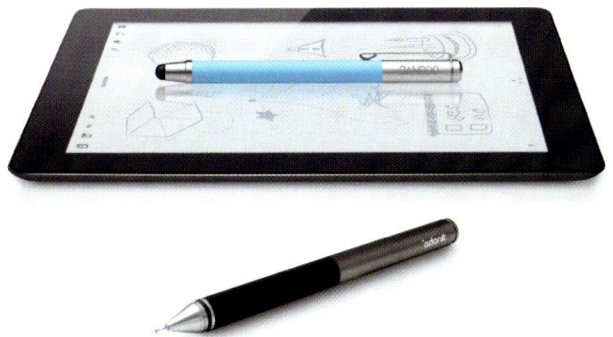

Mit Eingabestiften von Wacom (oben) und Adonit (unten) können Sie präzise auswählen, zeichnen und schreiben. (Fotos: Wacom, Adonit)

Intensivnutzer von Eingabestiften empfehlen Schutzfolien

Einige iPad-Nutzer, die sehr viel mit Eingabestiften arbeiten, empfehlen, den Bildschirm des iPads zusätzlich mit einer Folie vor Kratzern zu schützen. Sie berichten, dass auch feiner Staub, der sich an der Gummikappe oder der Kunststoffscheibe sammelt, auf Dauer wie Schmirgelpapier wirkt und Kratzspuren hinterlässt. Auch wenn viele andere Nutzer das nicht bestätigen können, sollten Sie die Gummikappe oder Kunststoffscheibe Ihres Eingabestifts regelmäßig mit einem Mikrofasertuch reinigen.

2.3 Braucht man eine Schutzfolie?

Beim Thema Schutzfolie scheiden sich die Geister. Viele finden Schutzfolien genial, weil sich damit für wenig Geld der Bildschirm des iPads zuverlässig vor Kratzern schützen lässt. Hat die Schutzfolie Kratzer, wird unansehnlich oder beginnt, sich abzulösen, wird sie einfach gegen eine neue ausgetauscht. Andere halten dagegen, dass Schutzfolien die Farbdarstellung verfälschen, die Darstellungsschärfe reduzieren und sich der Bildschirm etwas schlechter bedienen lässt, weil er Berührungen schlechter wahrnimmt. Das ist alles richtig, die Frage ist lediglich, was für Sie Priorität hat.

Der Bildschirm Ihres iPads ist widerstandsfähig und mit einer Beschichtung versehen, die dafür sorgt, dass sich Fett und andere Verschmutzungen einfach entfernen lassen. Leichtes Wischen mit einem Mikrofasertuch reicht, um Staub und Fingerabdrücke zu entfernen. Der Bildschirm eines iPad mini und eines iPads mit Retina-Display zeigt Ihnen ein brillantes und gestochen scharfes Bild. Jede Folie, die Sie dort aufbringen, verändert die Bildwirkung und die Darstellungsschärfe. Vom Schutzfaktor einmal abgesehen, kann das aber sogar gewünscht sein. Die Brillanz der Darstellung wird ja dadurch erkauft, dass der iPad-Bildschirm nicht matt ist, sondern reflektiert. Störender Nebeneffekt ist, dass der Bildschirm spiegelt. Mit einer matten Schutzfolie könnten Sie diese Spiegelungen deutlich reduzieren. Ihr iPad wird Ihnen dann aber weniger brillant vorkommen, vielleicht etwas verzögert reagieren und sich schlechter reinigen lassen.

Schutzfolien werden von mehreren Herstellern angeboten, führend sind die Folien von mumbi und Dipos, die je nach Ausführung (z. B. kristallklar, matt oder antireflexiv) zwischen 5 und 10 Euro kosten. Beachten Sie beim Aufbringen der Folie die Anleitung peinlich genau, damit sich keine Blasen bilden.

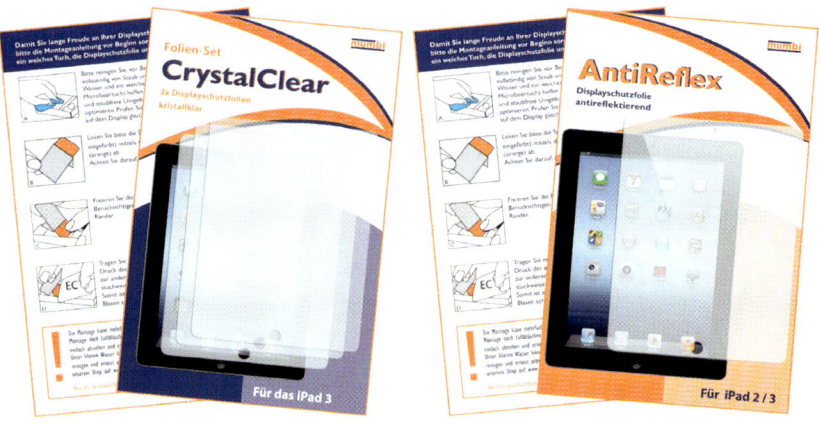

Sie können Schutzfolien auch zum Entspiegeln Ihres iPads einsetzen. (Fotos: mumbi)

2.4 Verbindungen via Adapter und Kabel

Wenn Sie sich etwas näher mit Ihrem iPad beschäftigt haben, werden Sie vielleicht über die wenigen Anschlussmöglichkeiten enttäuscht sein. Es gibt oben nur einen Anschluss für einen kleinen Klinkenstecker, an den Sie einen Kopfhörer oder ein Mikrofon anschließen können, und unten den Anschluss für das Ladekabel. Mehr nicht. Es fehlen alle anderen gängigen Anschlüsse wie etwa für USB- und HDMI-Kabel und Einschübe für Speicherkarten aller Art. Außerdem wäre es schön, wenn Sie nicht nur einen, sondern gleich mehrere Kopfhörer anschließen und das iPad mit Ihrer Stereoanlage, Ihrem Fernseher, Ihrer E-Gitarre oder Ihrem Keyboard verbinden könnten.

Zum Glück gibt es keinen Grund, enttäuscht zu sein! Über die beiden vorhandenen Anschlüsse können Sie Ihr iPad mit allen möglichen Geräten verbinden. Sie benötigen dafür allerdings Adapter und Kabel, die Sie zusätzlich
anschaffen müssen. Apple selbst bietet Originaladapter für den unteren Anschluss an, mit denen Sie Ihr iPad z. B. an einen Fernseher, einen Beamer
oder einen Fotoapparat anschließen oder in die Sie eine Speicherkarte einstecken können.

Mit Adaptern wie diesen erweitern Sie die Anschlussmöglichkeiten Ihres iPads. (Fotos:
Apple)

Über den oberen Kopfhöreranschluss können Sie Ihr iPad mit Ihrer Stereoanlage verbinden oder Ihre E-Gitarre oder ein Keyboard anschließen – alles
nur eine Frage des passenden Kabels oder Adapters.

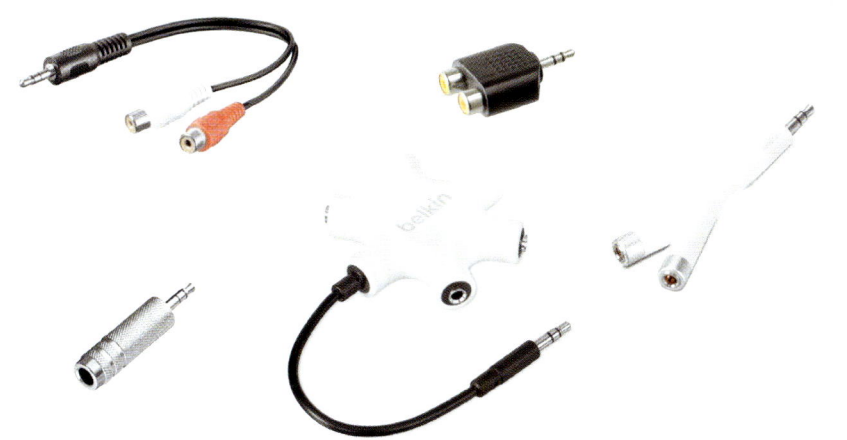

Eine kleine Auswahl an Adaptern für den Kopfhöreranschluss. (Fotos: Belkin, WeCom)

Adapter und Kabel bekommen Sie direkt bei Apple und Apple-Verkaufsstellen und im Fach- und Versandhandel. Da Original-Apple-Produkte recht teuer sind, gibt es viele Alternativprodukte von Fremdherstellern. Auch hier gilt: Vorsicht bei Billigprodukten! Billigkabel brechen nach kurzer Zeit und sind oft nicht passgenau. Zahlen Sie lieber etwas mehr und kaufen Sie Markenprodukte.

3 Das Apple-Erlebnis

Wie bei allen Apple-Produkten ist bereits das Auspacken des iPads Teil des Apple-Erlebnisses. Die Produktverpackung folgt dem Apple-Design, ist auf das Wesentliche reduziert und vermittelt genau wie das iPad selbst eine hohe Wertigkeit, die Sie sofort erkennen, wenn Sie das Gerät nach dem Auspacken in der Hand halten. In diesem Kapitel geht es darum, was dann passiert: die erste Kontaktaufnahme und die Ersteinrichtung, die notwendig ist, damit zum ersten Mal die Benutzeroberfläche Ihres iPads erscheint und Sie Ihrem iPad „Guten Tag" sagen können – was durchaus wörtlich zu nehmen ist.

Auspacken ist Kult: Bei YouTube, dem weltgrößten Videoportal im Internet, finden Sie gleich mehrere Dutzend Videos, die zeigen, wie ein iPad ausgepackt wird. (Quelle: YouTube)

3.1 Auspacken ist Kult!

Öffnen Sie die Verpackung Ihres iPads, werden Sie feststellen, dass außer dem Gerät lediglich ein Netzteil, ein Ladekabel mit einem USB-Stecker auf der einen und einem schmalen Lightning-Stecker auf der anderen Seite sowie eine Miniaturbedienungsanleitung mit dabei sind. Haben Sie die Schutzfolie, die das iPad umgibt, entfernt, schauen Sie sich das Gerät und seine wenigen Anschlüsse und Schalter erst einmal in Ruhe an, bevor Sie es einschalten.

Alle Schalter und Anschlüsse

Wenn Sie – wie in der folgenden Abbildung – auf die Rückseite Ihres iPads schauen, sehen Sie, dass sich oben links der Ein-/Ausschalter, in der Mitte ein Mikrofon und oben rechts ein Kopfhöreranschluss befindet. Direkt unter dem Ein-/Ausschalter ist das Miniaturobjektiv der Rückseitenkamera. Auf der linken Seite sind zwei Bedienelemente angebracht – der Seitenschalter und ein Lautstärkeregler. Haben Sie ein iPad mit Mobilfunkunterstützung erworben („Cellular"), befindet sich der Einschub für die SIM-Karte oben auf der rechten Seite. Links unten sehen Sie die Siebabdeckung des Lautsprechers, und genau in der Mitte befindet sich der Lightning-Anschluss Ihres iPads.

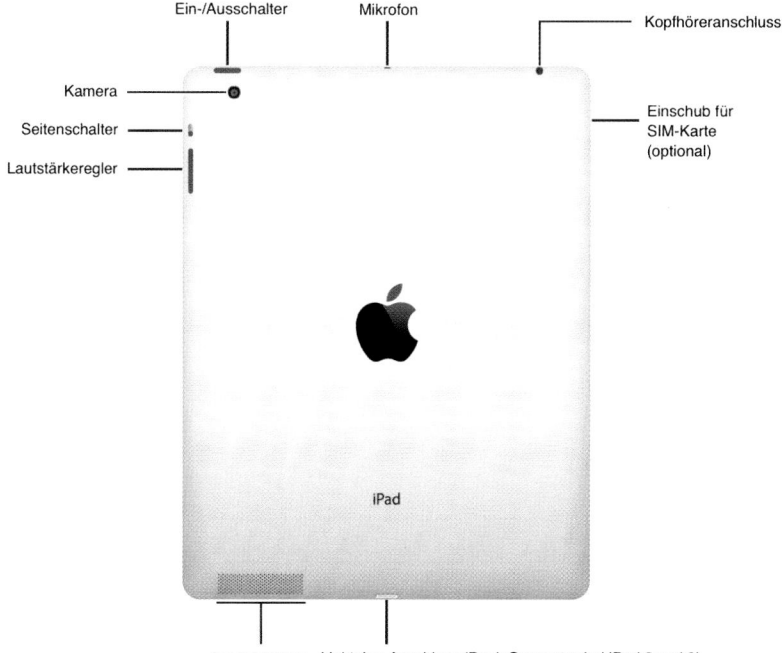

Schalter und Anschlüsse Ihres iPads im Überblick.

Ein-/Ausschalter

Der Ein-/Ausschalter hat bei Ihrem iPad mehrere Funktionen. Die wichtigsten sind natürlich das Ein- und Ausschalten. Dafür gibt es verschiedene Möglichkeiten. Drücken Sie den Ein-/Ausschalter mehrere Sekunden, können Sie Ihr iPad komplett ausschalten, ist es bereits ausgeschaltet, schalten Sie es mit langem Drücken ein. Drücken Sie den Ein-/Ausschalter dagegen kurz, wechselt Ihr iPad in den Ruhezustand bzw. beendet ihn. Merken Sie sich einfach nur: Langes Drücken schaltet komplett aus, kurzes Drücken bewirkt den Ruhezustand.

Kopfhöreranschluss

Die Bezeichnung Kopfhöreranschluss ist vielleicht etwas irreführend. Hier können Sie nämlich nicht nur einen Kopfhörer, sondern alle Geräte anschließen, die mit Audiosignalen umgehen können – also etwa Lautsprecher und Audioverstärker – oder die selbst Audiosignale liefern, wie etwa externe Mikrofone oder elektronische Musikinstrumente.

Seitenschalter

Mit dem Seitenschalter können Sie die Ausrichtung sperren: Ihr iPad ist mit einem Sensor ausgestattet, der registriert, wie Sie das Gerät drehen. Halten Sie das Gerät hochkant, werden die Inhalte automatisch im Hochformat angezeigt, drehen Sie das Gerät ins Querformat, erscheinen auch die Inhalte im Querformat. Das ist praktisch, aber vielleicht nicht immer gewünscht. Stört Sie die automatische Ausrichtung, drehen Sie Ihr iPad in die gewünschte Ausrichtung und fixieren sie, indem Sie den Seitenschalter betätigen. Um die Seitensperre wieder aufzuheben, betätigen Sie den Seitenschalter erneut.

Lautsprecher

Ihr iPad ist mit einem Lautsprecher ausgestattet, der für ein solch kleines Gerät eine erstaunliche Lautstärke und einen recht vollen Klang produziert. Befindet sich das iPad in Ihrer Nähe, können Sie Filme schauen und Musik oder Radio hören, ohne sich dafür einen Kopfhörer aufsetzen zu müssen. Es handelt sich dann allerdings um ein Monosignal. Mit einem Kopfhörer oder über einen externen Audioverstärker hören Sie einen 2-Kanal-Stereoton.

Lightning-Anschluss

Über den Lightning-Anschluss können Sie Ihr iPad laden und mit vielen anderen Geräten verbinden. Verwenden Sie das Ladekabel ohne das Netzteil, können Sie Ihr iPad damit an jeden Computer anschließen, der einen USB-Anschluss hat. Mit einem geeigneten Adapter und einem passenden Kabel (siehe Kapitel 2) können Sie Ihr iPad über den Lightning-Anschluss aber zum Beispiel auch mit einem Beamer, einem Fernsehgerät oder einer Digitalkamera verbinden.

Lightning-Anschluss und Dock Connector

Das iPad mit Retina-Display und das iPad mini sind mit dem relativ schmalen Lightning-Anschluss ausgestattet. Das preisgünstige iPad 2, das immer noch erhältlich ist, hat dagegen einen recht breiten Anschluss, den Apple als Dock Connector bezeichnet. Beim Kauf von Zusatzkabeln und Adaptern müssen Sie darauf achten, dass diese zum Anschlusstyp (Lightning oder Dock Connector) Ihres iPads passen.

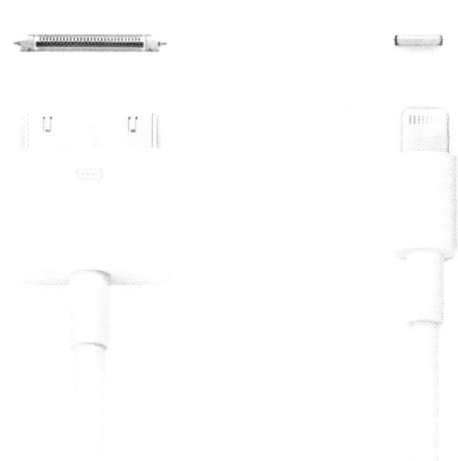

Kabel für Dock Connector (links) und Lightning-Anschluss (rechts) im Vergleich. (Fotos: Apple)

Einschub für die SIM-Karte

Das SIM-Fach ist nur bei einem iPad mit Mobilfunk („Cellular") vorhanden. Haben Sie sich mit den Schaltern und Anschlüssen vertraut gemacht, beginnen Sie mit der Ersteinrichtung. Sollten Sie ein iPad mit Mobilfunk erworben haben, legen Sie zuvor noch die SIM-Karte in das SIM-Fach ein.

3.2 SIM-Karte einlegen (optional)

Sie benötigen für Ihr iPad eine kleine SIM-Karte im Mikroformat („Mikro-SIM-Karte"). Ist diese vorhanden, nehmen Sie das kleine Werkzeug, das an die Kurzanleitung Ihres iPads geheftet ist, und drücken dessen Spitze in das kleine Loch, das sich neben dem SIM-Fach befindet. Der Einschub fährt etwas heraus. Entnehmen Sie ihn, legen Sie die SIM-Karte ein – wegen der abgeschrägten Ecke der Karte gibt es dafür nur eine Ausrichtungsmöglichkeit – und schieben Sie den Einschub mit der Karte zurück in das SIM-Fach.

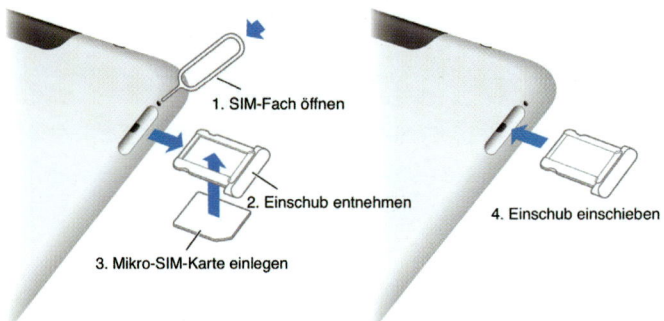

So legen Sie die SIM-Karte ein. (Grafikelemente: Apple)

PIN-Nummer bereithalten

Zusammen mit der Karte erhalten Sie von Ihrem Mobilfunkanbieter eine PIN-Nummer, mit der Sie die Karte entsperren und aktivieren. Diese PIN-Nummer müssen Sie normalerweise freirubbeln. Halten Sie die PIN-Nummer bereit, wenn Sie Ihr iPad zum ersten Mal einschalten.

3.3 Los geht's: einschalten und einrichten

Drücken Sie den Ein-/Ausschalter etwa ein Sekunde lang, begrüßt Ihr iPad Sie mit einem kurzen „Hallo" auf einer weißen Bildschirmseite und blendet unten den Hinweis *Zum Konfigurieren streichen* ein.

Geben Sie die PIN ein

Haben Sie ein iPad mit Mobilfunk, erscheint über dem *Hallo* die Meldung *Gesperrte SIM-Karte*. Sie müssen die SIM-Karte dann zuerst entsperren. Dazu tippen Sie mit einem Finger auf den Eintrag *Entsperren*, der blau hervorgehoben ist. Auf dem Bildschirm erscheint eine virtuelle Zifferntastatur, auf der Sie mit einem Finger die Ziffern der PIN-Nummer wählen und dann auf *OK* tippen. Die SIM-Karte wird entsperrt, und auf dem Bildschirm erscheint wieder der Eintrag *Hallo*.

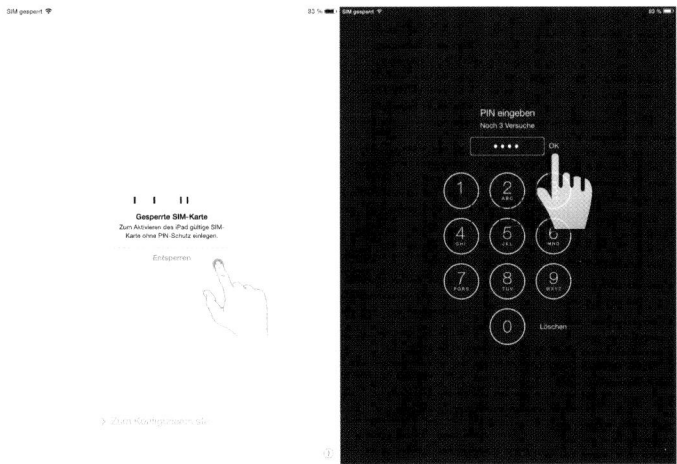

Bei einem iPad mit Mobilfunk tippen Sie mit einem Finger auf **Entsperren***, wählen die vier Ziffern der PIN-Nummer und tippen auf* **OK***.*

Wählen Sie Sprache und Land

Beginnen Sie mit der Einrichtung Ihres iPads, indem Sie auf der Begrüßungsseite mit einem Finger nach rechts streichen. Sie blättern dadurch auf die nächste Seite, auf der Sie die Sprache festlegen, die Ihnen Ihr iPad anzeigen soll. Für Deutsch tippen Sie mit einem Finger auf den Eintrag *Deutsch*. Sie gelangen dadurch automatisch auf die nächste Seite mit dem Titel *Land oder Region wählen*, auf der Sie auf den Eintrag *Deutschland* tippen. Alternativ können Sie natürlich auch jede andere Sprache oder ein anderes Land auswählen.

Wechseln Sie mit einer Wischbewegung auf die folgende Seite und tippen Sie auf den gewünschten Spracheintrag.

Wählen und aktivieren Sie Ihr WLAN

Sie landen nun auf der Seite *WLAN-Netzwerk wählen*, auf der Ihnen alle erreichbaren WLAN-Netzwerke angezeigt werden. Tippen Sie auf den Eintrag Ihres WLAN-Netzwerks, erscheinen auf dem Bildschirm Ihres iPads ein Eingabefenster für das Kennwort Ihres Netzwerks und eine virtuelle Tastatur, mit der Sie nun das Kennwort eintippen. Die virtuelle Tastatur funktioniert ähnlich wie eine reale Tastatur.

Für die Groß- und Kleinschreibung gibt es eine Umschalttaste, mit der Taste *123* wechseln Sie zu einer numerischen Tastenbelegung, mit der Taste *ABC* kommen Sie wieder zurück zur Buchstabenbelegung. Weitere Sonderzeichen werden mithilfe der Taste *#+=* angezeigt. Haben Sie das Kennwort für Ihr

WLAN-Netzwerk eingegeben, tippen Sie entweder im Eingabefenster oder auf der virtuellen Tastatur auf *Verbinden*.

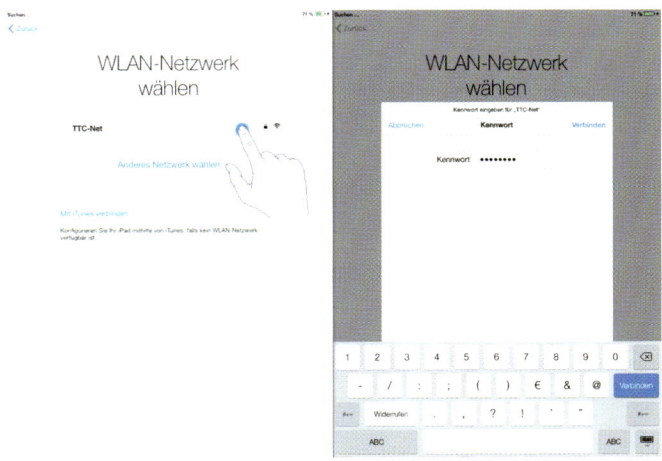

Wählen Sie Ihr WLAN-Netzwerk, geben Sie Ihr Kennwort ein und tippen Sie auf **Verbinden**.

Ihr iPad verbindet sich nun automatisch zunächst mit Ihrem WLAN-Netzwerk und dann mit dem Internet, um sich zu aktivieren. Konkret bedeutet das, dass es sich bei Apple mit seiner internen Identifikationsnummer registriert und danach automatisch zur Verwendung freigeschaltet wird. Dieser Vorgang kann einige Minuten dauern. Auf dem Bildschirm Ihres iPads erscheint derweil ein Aktivierungshinweis.

Aktivierung auch am Computer möglich

Sollte Ihnen kein WLAN-Netzwerk zur Verfügung stehen, können Sie Ihr iPad auch über einen Computer (PC oder Mac) aktivieren, der mit dem Internet verbunden ist. Auf dem Computer muss das Programm iTunes installiert sein, das Sie sich kostenlos aus dem Internetangebot von Apple herunterladen können (*www.apple.de*). Ist iTunes vorhanden, erscheint es automatisch, wenn Sie Ihr iPad mit dem mitgelieferten Ladekabel mit dem Computer verbinden. Ohne die Aktivierung können Sie Ihr iPad nicht verwenden!

Ortungsdienste aktivieren und iPad konfigurieren

Ist die Aktivierung erfolgt, zeigt Ihr iPad Ihnen die Seite *Ortungsdienste*, auf der Sie wählen müssen, ob Sie die Ortungsdienste aktivieren oder deaktivieren möchten. Ihr iPad ist mit einem GPS-Empfänger ausgestattet, der ständig ermittelt, wo sich das Gerät gerade befindet. Auf diese Ortsangabe in Form von Geokoordinaten können Programme (Apps), die Sie auf Ihrem iPad verwenden, zugreifen, um Ihnen ortsbezogene Informationen anzuzeigen. Dank der Ortungsdienste können Sie Ihr iPad z. B. als Navigationsgerät einsetzen oder sich anzeigen lassen, wo sich in einer fremden Stadt der nächste Geldautomat befindet. Aus Datenschutzsicht sind die Ortungsdienste allerdings problematisch, da sich darüber unter Umständen Bewegungsprofile erstellen lassen, die missbraucht werden könnten. Wägen Sie die Vorzüge und die Nachteile der Ortung ab und tippen Sie auf den gewünschten Eintrag.

Haben Sie Ihre Entscheidung getroffen, gelangen Sie auf die Seite *iPad konfigurieren*, auf der Sie wählen können, ob das Gerät als neues iPad konfiguriert oder aus einer bereits vorhandene Datensicherung (Backup) wiederhergestellt werden soll. Tippen Sie auf den Eintrag *Als neues iPad konfigurieren*. Die beiden anderen Einträge sind für Sie nur von Belang, wenn Sie von einem alten auf ein neues iPad wechseln oder Ihr iPad bereits verwendet und gesichert haben und es nun neu einrichten.

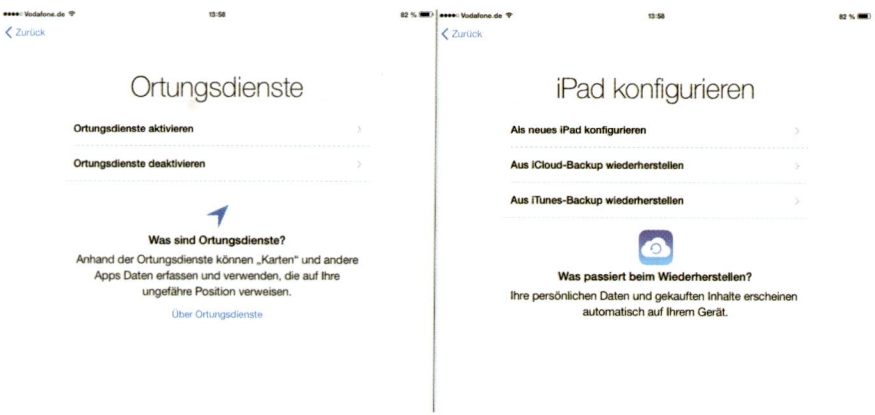

Aktivieren oder deaktivieren Sie die Ortungsdienste und konfigurieren Sie Ihr iPad.

> ♪♪♪♪♪ ## Ortungsdienste lassen sich aus- und einschalten
>
> Egal, wofür Sie sich hier entscheiden – Sie können die Ortungsdienste später jederzeit über die *Einstellungen* Ihres iPads gezielt aktivieren oder deaktivieren.

Mit der Apple-ID anmelden

Melden Sie sich nun mit Ihrer Apple-ID an. Die Apple-ID ist sozusagen Ihre Eintrittskarte in alle Dienste und Bezugsquellen für Apps, Musik, Videos und Bücher, die Ihnen Apple über das Internet zur Verfügung stellt. Die Apple-ID ist gleichzeitig eine E-Mail-Adresse und die Voraussetzung für das Online-speichersystem *iCloud*, das Sie ebenso wie die Apple-ID kostenlos nutzen können. Bei iCloud können Sie z. B. sämtliche Daten Ihres iPads sichern und bekommen dafür und für Ihre E-Mails insgesamt 5 GB Speicherplatz. Reicht das nicht, können Sie Speicherplatz hinzukaufen. Auch die äußerst praktischen Apple-Dienste *FaceTime* (Videotelefonie) und *iMessage* (Textnachrichten) können Sie nur nutzen, wenn Sie eine Apple-ID haben.

Kurzum: Wollen Sie alle Vorzüge Ihres iPads nutzen, führt kein Weg an einer Apple-ID vorbei. Allerdings überlassen Sie dann zumindest einen Teil Ihrer Daten Apple und geben Einblick in Ihr Nutzerverhalten. Sarkastisch ausgedrückt, könnte man sagen, dass dies eben der Preis für die Nutzung eines Tablet-Computers ist. Würden Sie sich für ein Konkurrenzprodukt entscheiden, das mit Android oder Windows 8 arbeitet, müssten Sie Ihre Seele Google oder Microsoft verkaufen – was so in den Geschäftsbedingungen allerdings nicht zu finden ist.

❶ Besitzen Sie bereits eine Apple-ID, tippen Sie auf den Eintrag *Mit Ihrer Apple-ID anmelden*, geben diese zusammen mit dem erforderlichen Kennwort auf der virtuellen Tastatur ein und tippen rechts oben auf den Eintrag *Weiter*.

❷ Sind Sie noch nicht im Besitz einer Apple-ID, tippen Sie auf den Eintrag *Gratis Apple-ID erstellen* und folgen dem Assistenten, der Sie Schritt für Schritt durch die ID-Erstellung führt.

❸ Ist das erledigt, landen Sie automatisch wieder auf der Seite *Apple-ID*, auf der Sie Ihre neue Apple-ID zusammen mit dem Kennwort eintragen und auf den Eintrag *Weiter* tippen.

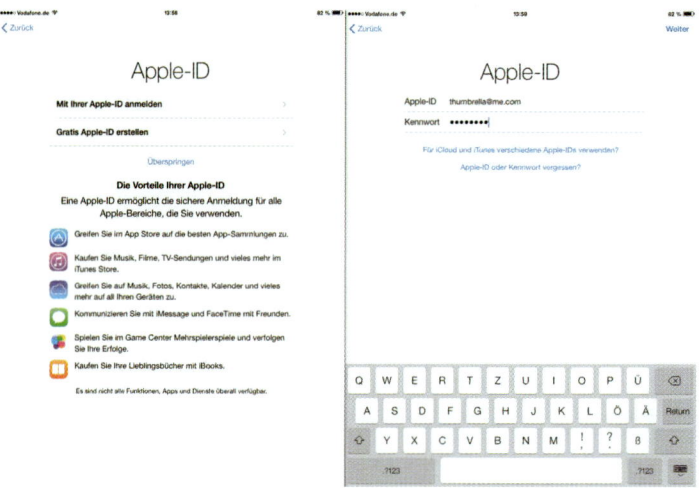

Melden Sie sich mit Ihrer (neuen) Apple-ID an.

Nutzungsbedingungen akzeptieren und iCloud verwenden

Sie landen bei den Nutzungsbedingungen, die Sie akzeptieren müssen, um Ihr iPad verwenden zu können. Dies müssen Sie aber ausdrücklich sogar doppelt tun, indem Sie links unten und dann noch einmal im Hinweisfenster auf den Eintrag *Akzeptieren* tippen. Sie können sämtliche Nutzungsbedingungen einsehen, wenn Sie auf der Seite *Nutzungsbedingungen* auf die blau hervorgehobenen Einträge klicken.

Auf der Seite *iCloud*, die automatisch erscheint, müssen Sie angeben, ob Sie iCloud verwenden möchten oder nicht. iCloud ist nicht nur ein reines Onlinespeichersystem, sondern sorgt auch dafür, dass eine ganze Reihe von Informationen, wie etwa Kontaktdaten, Fotos und Kalendereinträge, auf unterschiedlichen Geräten synchronisiert wird.

Konkret bedeutet dies, dass ein Termineintrag, den Sie auf Ihrem iPad vornehmen, in Sekundenschnelle auch auf Ihren Computer übertragen wird.

Öffnen Sie dort Ihren Terminplaner, ist der Termineintrag auch darin verzeichnet. Dies ist so praktisch, dass Sie hier auf den Eintrag *iCloud verwenden* tippen sollten, wenn dem nicht Datenschutzbedenken gegenüberstehen, die für Sie mehr Gewicht haben.

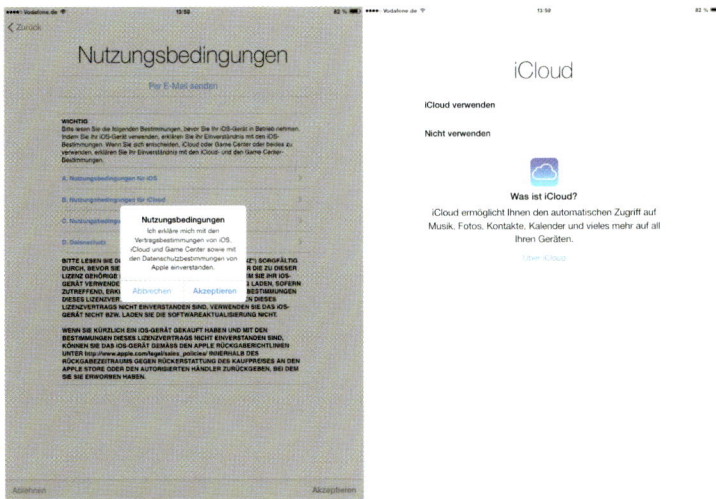

Akzeptieren Sie die Nutzungsbedingungen und entscheiden Sie, ob Sie iCloud verwenden möchten oder nicht.

Mein iPad suchen/iMessage und FaceTime

Auf der Seite *Mein iPad suchen* legen Sie nun fest, ob Sie die gleichnamige Funktion aktivieren möchten. Dies sollten Sie auf jeden Fall tun, indem Sie auf den Eintrag *Verwenden* tippen. Sie können Ihr iPad dann nämlich nicht nur über das Internet orten, falls Sie es aus Versehen irgendwo haben liegen lassen oder es Ihnen gar gestohlen wurde. Sie können es dann sogar fernsperren und fernlöschen, um zu verhindern, dass Unbefugte irgendetwas damit anfangen können. Die Verwendung dieser Funktion ist übrigens auch an Ihre Apple-ID gebunden.

Die Seite *iMessage und FaceTime*, die dann erscheint, zeigt Ihnen lediglich Ihre Kontaktinformationen an, die für Sie von den Diensten *iMessage* und *FaceTime* verwendet werden. Diese Informationen müssen Sie nicht notieren. Sie können sie auf Ihrem iPad jederzeit abrufen und bei Bedarf auch ändern. *iMessage* ist eine Textnachrichten-App, die herkömmlichen SMS-Systemen entspricht, aber zumindest zwischen Apple-Nutzern kostenlos ist. Mit *FaceTime* können Sie kostenlose Audio- und Videotelefonate mit anderen FaceTime-Nutzern führen. Tippen Sie rechts oben auf den Eintrag *Weiter*, um zur nächsten Seite zu gelangen.

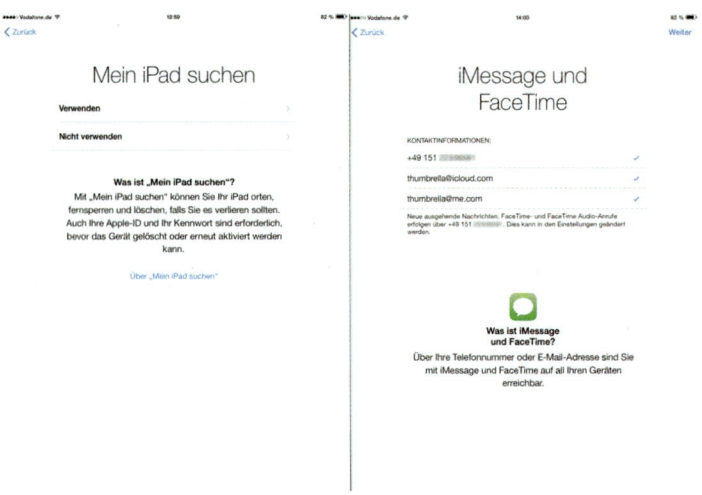

Haben Sie die Funktion **Mein iPad suchen** *aktiviert, zeigt Ihr iPad Ihnen die Kontaktinformationen für* **iMessage und FaceTime.**

Code erstellen und Diagnoseinformationen senden

Sie können nun einen vierstelligen Zifferncode eingeben, mit dem sich die Code-Sperre Ihres iPads deaktivieren lässt. Haben Sie die Code-Sperre aktiviert, schützt diese Ihr iPad vor unbefugten Zugriffen: Nach dem Einschalten und nach Beendigung des Ruhezustands erscheint dann nicht der normale iPad-Bildschirm, sondern lediglich ein Ziffernfeld, in das der Code eingegeben werden muss.

Ist der Code korrekt, erscheint die Benutzeroberfläche, und das iPad lässt sich uneingeschränkt nutzen. Umgehen lässt sich diese Code-Sperre nicht. Möchten Sie unbefugte Zugriffe auf Ihr iPad verhindern, geben Sie jetzt vier

Ziffern für den Code ein. Sicherheitshalber müssen Sie die Eingabe dann noch einmal wiederholen. Möchten Sie die Code-Sperre nicht aktivieren, wechseln Sie, ohne die Eingabe vorzunehmen, direkt auf die nächste Seite.

Die Code-Sperre lässt sich ein- und ausschalten

Sie müssen sich an dieser Stelle nicht endgültig entscheiden. Über die *Einstellungen* Ihres iPads können Sie die Code-Sperre bei Bedarf jederzeit aktivieren oder deaktivieren.

Die Seite *Diagnose* ist – Sie werden es kaum glauben – die letzte Einstellungsseite des Einstellungsdialogs. Zu guter Letzt müssen Sie angeben, ob Diagnoseinformationen und Nutzungsdaten automatisch an Apple gesendet werden sollen. Apple verwendet die Diagnosedaten nach eigenem Bekunden ausschließlich zur Verbesserung seiner Produkte und Dienstleistungen.

Tippen Sie entweder auf den Eintrag *Automatisch senden* oder *Nicht senden*.

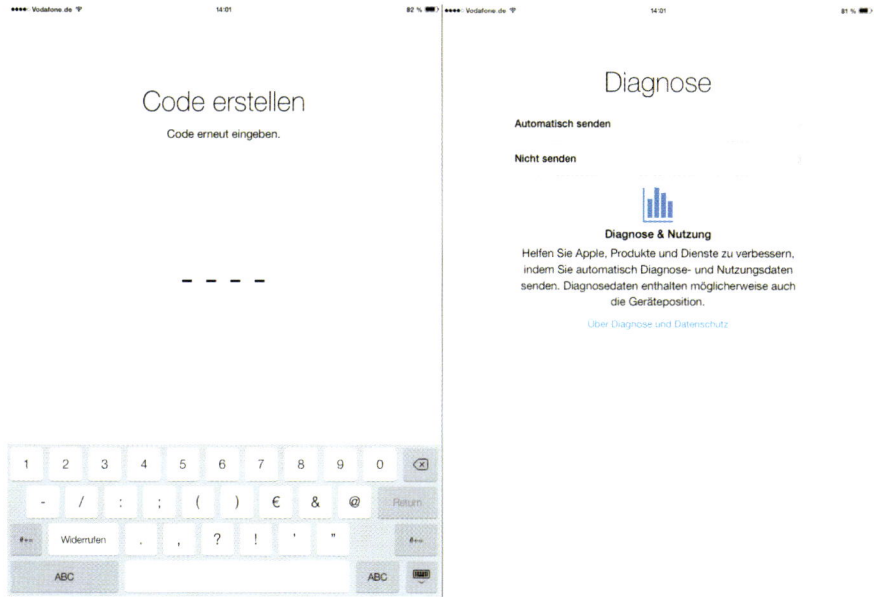

*Haben Sie sich für eine Code-Sperre entschieden, müssen Sie den Zifferncode noch einmal eingeben und gelangen dann auf die Seite **Diagnose**.*

Willkommensseite und Benutzeroberfläche

Die Ersteinrichtung ist beendet, und Ihr iPad begrüßt Sie mit einer Willkommensseite. Tippen Sie dort auf den Eintrag *Los geht's*, erscheint die Benutzeroberfläche, über die Sie ab sofort sämtliche Funktionen Ihres iPads
steuern und die Apps aufrufen, die Sie verwenden möchten.

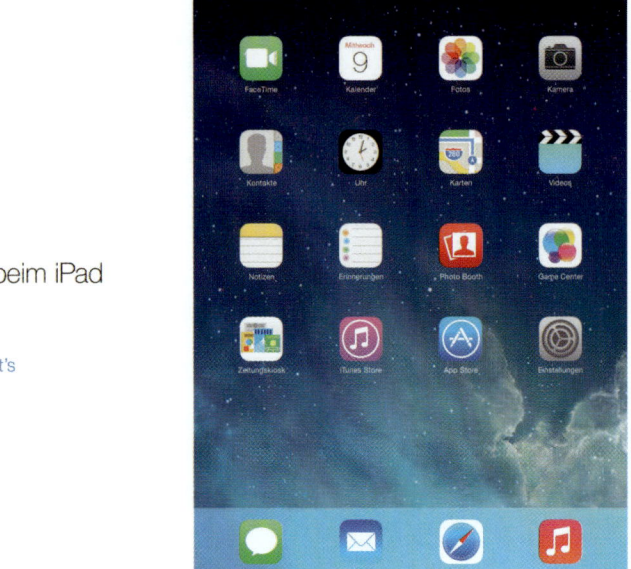

*Los geht's: Mit einem Fingertipp auf den Eintrag lassen Sie die Benutzeroberfläche er-
scheinen.*

Neben der Benutzeroberfläche gibt es bei Ihrem iPad aber noch ein weiteres
wichtiges Bedienelement, das auf der Vorderseite Ihres iPads angebracht ist
– den Home-Knopf.

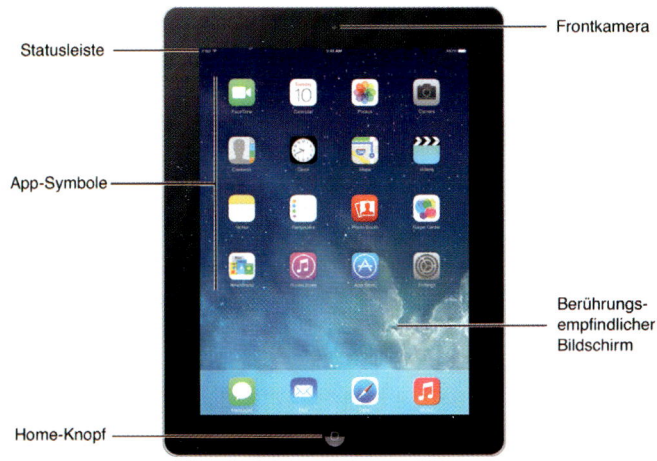

Benutzeroberfläche und Bedienelemente der Vorderseite im Überblick.

Frontkamera

Ihr iPad hat nicht nur auf der Rück-, sondern auch auf der Vorderseite eine Kamera, die vor allem für Videotelefonate mit FaceTime oder Skype gedacht ist: Während Sie Ihr Gegenüber auf dem Bildschirm sehen, übermittelt Ihr iPad das Bild, das die Frontkamera aufnimmt, an Ihren Gesprächspartner.

Statusleiste

Die Statusleiste, die, egal wie Sie Ihr iPad drehen, immer am oberen Bildschirmrand erscheint, zeigt Ihnen wichtige Informationen an. Dazu gehören z. B. die Signalstärke des WLAN-Empfangs, die aktuelle Uhrzeit und der Ladestand des Akkus.

App-Symbole

Die Programme, die Sie auf Ihrem iPad einsetzen, werden Apps genannt. Jede App hat ein Symbol, über das Sie die App aufrufen: Sie tippen auf der Benutzeroberfläche mit einem Finger auf die App, um sie zu starten. Sie können auf Ihrem iPad so viele Apps installieren, wie der Speicher zulässt. Ist eine Bildschirmseite voll, erscheinen die neuen App-Symbole auf einer weiteren Bildschirmseite. Sie wechseln die Bildschirmseiten, indem Sie auf dem Bildschirm mit einem Finger nach rechts oder links wischen.

Berührungsempfindlicher Bildschirm

Wie Sie längst wissen, ist Ihr iPad mit einem berührungsempfindlichen Bildschirm ausgestattet. Sie haben bei der Ersteinrichtung ja bereits mit einem Finger auf Einträge getippt und virtuelle Tastaturen benutzt. Das Besondere am iPad-Bildschirm ist, dass er auch mehrere Finger auf einmal erkennt (engl. multi-touch), und Sie daher Fingergesten verwenden können, bei denen Sie zwei, drei und sogar vier Finger einsetzen. Was Sie mit dieser Fingergestensteuerung machen können, erfahren Sie in Kapitel 4.

Home-Knopf

Der Home-Knopf ist ein wichtiges Bedienelement Ihres iPads und hat gleich mehrere Funktionen. Die wichtigste davon ist, dass er Sie immer wieder zum Home-Bildschirm zurückbringt. Der Home-Bildschirm ist das, was Sie in der Abbildung gesehen haben, die App-Übersicht. Haben Sie eine App aufgerufen, erscheint diese formatfüllend auf dem gesamten Bildschirm. Ein kurzes Drücken des Home-Knopfs bringt Sie von der App zurück zum Home-Bildschirm, von wo aus Sie dann eine andere App aufrufen können.

3.4 Siri schnell „Guten Tag" sagen

Jetzt können Sie Ihrem iPad noch eben schnell „Guten Tag" sagen: Drücken Sie den Home-Button so lange, bis ein kurzes akustisches Signal ertönt und auf dem leicht transparent schwarzen Bildschirm die Frage *Wie kann ich behilflich sein?* erscheint. Sagen Sie dann „Guten Tag". Ihr iPad reagiert, und eine Frauenstimme sagt Ihnen auch „Guten Tag" oder „Hallo" und nennt Ihren Namen. Manchmal sagt die Stimme auch „Siri grüßt dich ebenfalls" – Siri ist nämlich der Name des Dialogsystems, mit dem Sie sich gerade unterhalten.

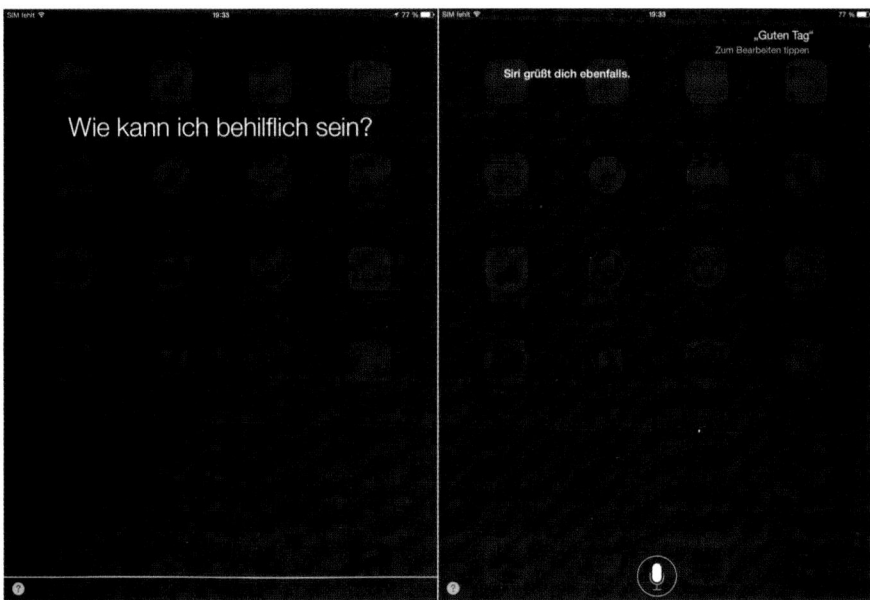

Dank Siri können Sie sich mit Ihrem iPad auch unterhalten.

Sie können die Unterhaltung fortsetzen, wenn Sie auf das Mikrofonsymbol tippen. Fragen Sie Siri doch mal nach der Uhrzeit, dem Wetter oder dem aktuellen Kinoprogramm. Möchten Sie die Unterhaltung beenden, drücken Sie kurz auf den Home-Knopf. Was Siri alles kann, erfahren Sie in Kapitel 7.

3.5 Das iPad ausschalten und laden

Jetzt wäre vielleicht der richtige Zeitpunkt, eine kleine Pause zu machen und Ihr iPad auszuschalten, bevor Sie es näher erkunden – wobei das mit dem Ausschalten beim iPad so eine Sache ist. Denn eigentlich erledigt Ihr iPad das für Sie: Es wechselt nämlich in den Ruhezustand, wenn Sie es zwei Minuten lang nicht benutzen. Es ist dann zwar nicht komplett ausgeschaltet, verbraucht aber so wenig Energie, dass es durchaus einige Tage lang in diesem Zustand bleiben kann. In diesen Ruhezustand können Sie Ihr iPad aber auch selbst versetzen, wenn Sie den Ein-/Ausschalter kurz drücken.

Um Ihr iPad aus dem Ruhezustand wieder zum Leben zu erwecken, drücken Sie kurz auf den Home-Knopf oder den Ein-/Ausschalter. Auf Ihrem iPad erscheint dann der Sperrbildschirm mit Uhrzeit und Datum, den Sie mit einem Fingerstrich nach rechts zur Seite wischen müssen, um wieder den ursprünglichen Bildschirminhalt angezeigt zu bekommen. Haben Sie bei der Ersteinrichtung eine Code-Sperre eingerichtet, müssen Sie zuvor noch den korrekten Code eingeben.

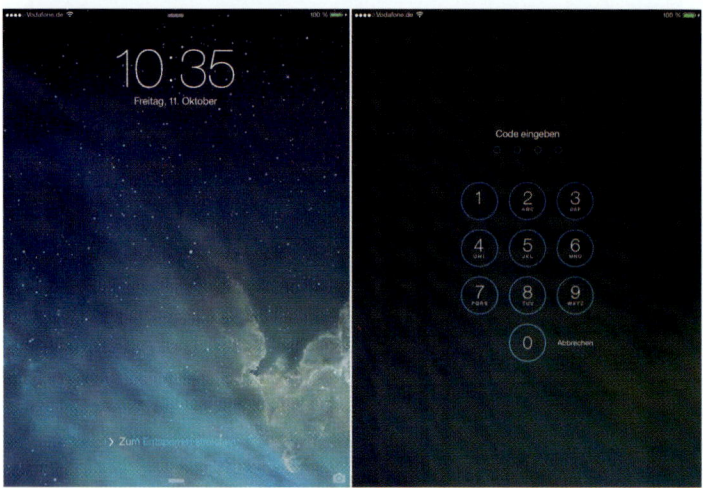

Nach dem „Aufwecken" erscheinen der Sperrbildschirm, den Sie zur Seite schieben müssen, und vielleicht eine Code-Sperre.

Haben Sie Ihr iPad, was dringend anzuraten ist, mit einer Hülle (Cover oder Case) ausgestattet, reicht es, wenn Sie die Abdeckung schließen. Ihr iPad geht dann automatisch schlafen und erwacht, wenn Sie die Abdeckung wieder öffnen.

Ausschalten im Sinne von komplett abschalten sollten Sie Ihr iPad nur, wenn Sie es tatsächlich mehrere Tage lang nicht benutzen wollen. Ein Ausschalten über Nacht ist nicht erforderlich! Der Akku Ihres iPads wird durch eine Nacht im Ruhezustand kaum beansprucht.

Apropos Akku: Vielleicht haben Sie sich gewundert, dass Sie Ihr iPad nach dem Auspacken nicht erst einmal laden mussten. Normalerweise ist dies nicht erforderlich, da ein Neugerät einen Ladestand von 70 bis 80 Prozent hat. Wie es um den Ladestand des Akkus bestellt ist, sehen Sie rechts oben in der Statusleiste am Batteriesymbol und der Prozentangabe.

Geht die Akkuladung zur Neige, informiert Sie Ihr iPad ab einem Ladestand von 10 Prozent regelmäßig mit einem Hinweisfenster über den schwindenden Ladestand. Spätestens dann sollten Sie den Akku aufladen, indem Sie das mitgelieferte Kabel in den Lightning-Anschluss (beim iPad 2 ist das der Dock-Anschluss) und das Netzteil stecken und dieses dann mit dem Stromnetz verbinden. Wie lange ein Ladevorgang dauert, ist vom iPad-Modell abhängig. Während ein fast leerer Akku beim iPad 2 bereits nach zwei bis drei Stunden voll geladen ist, kann es beim aktuellen iPad mit Retina-Display durchaus sechs bis sieben Stunden dauern.

Laden über USB-Anschluss dauert deutlich länger

Alternativ können Sie das Ladekabel auch mit dem USB-Anschluss eines Computers verbinden, der eingeschaltet ist. Da die Spannung, die über den USB-Anschluss auf Ihr iPad übertragen wird, geringer als die des Netzteils ist, dauert ein kompletter Ladevorgang je nach iPad-Modell fünf bis zwölf Stunden. Bei älteren Computern, die noch mit USB-Anschlüssen der ersten Generation ausgestattet sind, reicht unter Umständen die Spannung gar nicht aus, um das iPad zu laden. Das iPad erkennt das und meldet Ihnen, dass nicht geladen werden kann.

Während des Ladens können Sie Ihr iPad benutzen. Die einzige Einschränkung, die Sie dann in Kauf nehmen müssen, ist die fehlende Mobilität, da das Gerät ja an einem Kabel hängt. Durch die Benutzung verlängert sich die Ladezeit. Am komfortabelsten ist es daher, wenn Sie sich angewöhnen, Ihr iPad über Nacht zu laden.

Wie lange eine Akkuladung hält, hängt immer davon ab, was Sie mit Ihrem iPad machen. Schauen Sie Filme oder surfen Sie per Mobilfunkverbindung im Internet, ist der Stromverbrauch höher als beim Lesen eines E-Books. Im Dauereinsatz hält aber eine Akkuladung normalerweise etwa acht bis zehn Stunden. Nutzen Sie Ihr iPad nicht permanent, sondern immer mal wieder, müssen Sie es vielleicht alle drei bis vier Tage aufladen.

4 Intuitive Entdeckungstour

Haben Sie die Hürde der Ersteinrichtung genommen, können Sie sich mit dem vertraut machen, was Ihr iPad Ihnen eigentlich zu bieten hat. Dazu müssen Sie es zuallererst bedienen lernen – wobei der Begriff „lernen" das Ganze schon zu aufwendig klingen lässt. Für die Fingergesten benötigen Sie kein Fingeralphabet. Vieles müssen Sie nicht kompliziert lernen, sondern machen es ohnehin intuitiv oder entdecken es ganz nebenbei. Einiges werden Sie aber vielleicht erst durch dieses Kapitel erfahren, das die Bedienung mit Fingergesten und Tastatur zusammenfasst und Ihnen die Benutzeroberfläche noch ein wenig genauer vorstellt.

4.1 Fingergesten ganz einfach

Auch wenn Sie bereits mit Siri gesprochen haben, sind Ihre Finger das wichtigste Eingabeinstrumentarium für Ihr iPad. Sie können dabei nicht nur einen, sondern auch gleich alle fünf Finger einer Hand zum Einsatz bringen.

Tippen und Wischen mit einem Finger

Das Tippen mit einem Finger haben Sie bei der Ersteinrichtung ja bereits erfolgreich – und ohne lange darüber nachdenken zu müssen – angewendet, als Sie Optionen und Einträge ausgewählt und die virtuelle Tastatur bedient haben. Wann immer es etwas auszuwählen oder einzugeben gibt, reicht also ein einziger Finger – was Sie natürlich nicht davon abhalten soll, auf der virtuellen Tastatur mit mehreren Fingern zu tippen.

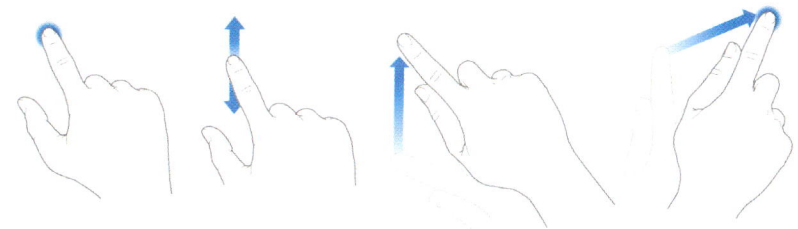

Mit einem Finger können Sie tippen, wischen, anstupsen und manchmal auch Objekte verschieben. (Grafiken: Apple)

Und auch das Wischen mit einem Finger haben Sie bereits praktiziert, als Sie die erste Willkommensseite und den Sperrbildschirm zur Seite geschoben haben. Genau wie das Tippen gehört auch das Wischen mit einem Finger zu den Gesten, die Sie am häufigsten verwenden werden.

Bei vielen Apps benutzen Sie das Wischen zum Blättern oder Scrollen: Wischen Sie nach links, blättern Sie vor, wischen Sie nach rechts, blättern Sie zurück, wischen Sie nach oben oder unten, bewegt sich der gesamte Bildschirminhalt oder vielleicht auch nur ein Auswahlelement entsprechend nach oben oder unten. Manchmal reicht es schon aus, wenn Sie eine Seite oder ein Element mit einem Finger in eine bestimmte Richtung stupsen, weil es dann mit einem Nachlauf rollt. Manchmal können Sie das Wischen auch zum Verschieben einsetzen, wenn Sie einen Finger länger auf einem Element ruhen lassen, es an den Ort ziehen, an den Sie es verschieben möchten, und dann den Finger loslassen.

Keine Unterschiede zwischen Hoch- und Querformat

Wie Sie sicherlich bereits festgestellt haben, können Sie Ihr iPad im Hoch- und im Querformat benutzen. Je nachdem, wie Sie das Gerät drehen, erscheinen auch die Inhalte entsprechend im Hoch- oder Querformat. Für die Bedienung ist die Orientierung völlig egal – oben ist oben, und unten ist unten. Sie können Ihr iPad also ruhig quer benutzen, auch wenn hier im Buch die Beispiele im Hochformat gezeigt werden.

App-Symbole auf dem Bildschirm verschieben

Das mit dem Verschieben probieren Sie am besten gleich einmal aus, indem
Sie ein App-Symbol an einen anderen Ort bewegen.

❶ Lassen Sie sich auf Ihrem iPad den Home-Bildschirm anzeigen und legen Sie einen Finger so lange auf ein App-Symbol, bis alle App-Symbole
anfangen, sich zu bewegen. Sie haben dadurch sozusagen in den Verschiebemodus geschaltet – wenn sich die App-Symbole bewegen, lassen
sie sich verschieben.

❷ Schieben Sie nun z. B. das Symbol der *Uhr*-App vor das Symbol der
Kontakte-App, indem Sie einen Finger auf dem Uhrsymbol ruhen lassen und ihn dann bewegen.

❸ Sind Sie vor dem Symbol der *Kontakte*-App angekommen, saust dieses
an die ehemalige Position des Symbols der *Uhr*-App.

Schieben Sie das Symbol der **Uhr-App** *vor die Position der* **Kontakte-App**, *wird das Symbol der Kontakte automatisch dorthin bewegt, wo sich vorher das Symbol der* **Uhr-App**
befunden hat.

❹ Nehmen Sie Ihren Finger vom Symbol der *Uhr*-App, erscheint es dort,
wo vorher das Symbol der *Kontakte*-App angezeigt wurde. Da sich die
Symbole weiterhin bewegen, können Sie auch weitere Verschiebungen
vornehmen und die App-Symbole insgesamt neu anordnen.

❺ Haben Sie genug Ihren Wünschen entsprechend verschoben, beenden Sie den Verschiebemodus, indem Sie den Home-Knopf drücken. Die Symbole hören auf zu wackeln, und Sie können Ihr iPad wieder ganz normal benutzen.

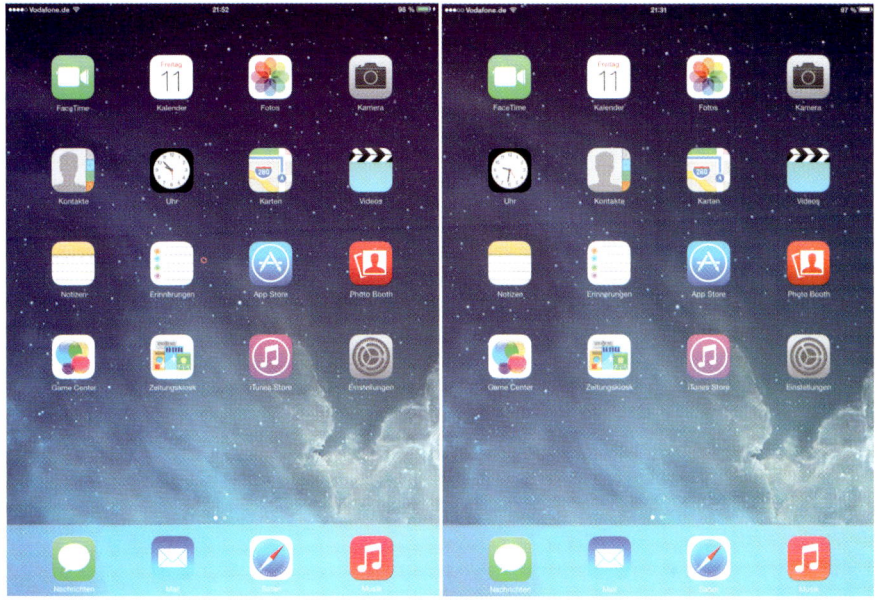

Vorher und nachher – die Symbole der Apps **Uhr** *und* **Kontakte** *haben die Plätze getauscht.*

Vergrößern und Verkleinern mit zwei Fingern

Zwei Finger benutzen Sie bei Ihrem iPad ausschließlich zum Zoomen, also zum Vergrößern und Verkleinern von Fotos, Grafiken oder kompletten Bildschirmseiten. Sie legen zwei Finger – am einfachsten geht es mit Daumen und Zeigefinger – auf den Bildschirm und bewegen diese auseinander oder ziehen sie zusammen. Die Darstellung wird entsprechend Ihrer Fingerbewegung vergrößert oder verkleinert. Das Zoomen funktioniert allerdings nicht immer, sondern nur, wenn Apps und Darstellungsobjekte das zulassen.

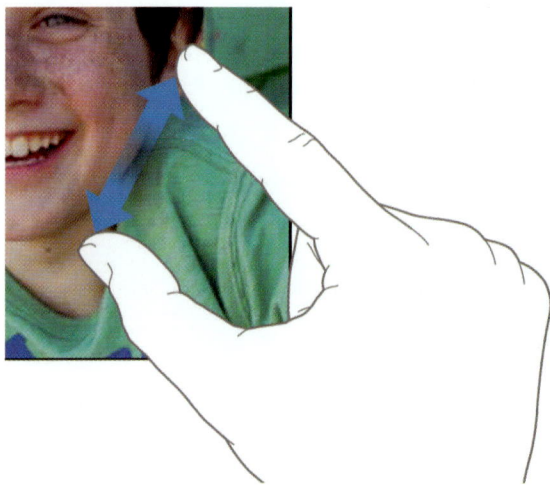

*Mit zwei Fingern, die Sie spreizen oder zusammenziehen, vergrößern und verkleinern Sie
Fotos und andere Bildschirminhalte. (Grafik: Apple)*

Internetseiten vergrößern und verkleinern

Auch das probieren Sie am besten gleich aus: Tippen Sie auf dem Home-
Bildschirm auf das App-Symbol des Internetbrowsers Safari, das sich unten
in der Home-Leiste befindet und mit einem Kompass gekennzeichnet ist.
Safari erscheint und zeigt Ihnen oben eine Eingabeleiste, in die Sie eine
Internetadresse oder einen Suchbegriff eingeben können.

❶ Rufen Sie probehalber z. B. das Internetangebot des Franzis Verlags auf,
das unter der Adresse *franzis.de* erreichbar ist. Tippen Sie mit einem
Finger in die Adresszeile, erscheint die virtuelle Tastatur, auf der Sie
die Anfangsbuchstaben der Adresse eingeben. Safari zeigt Ihnen bereits nach einigen Buchstaben direkt unter der Eingabeleiste die vollständige Adresse an, die Sie dann mit einem Finger antippen, um das
Internetangebot aufzurufen.

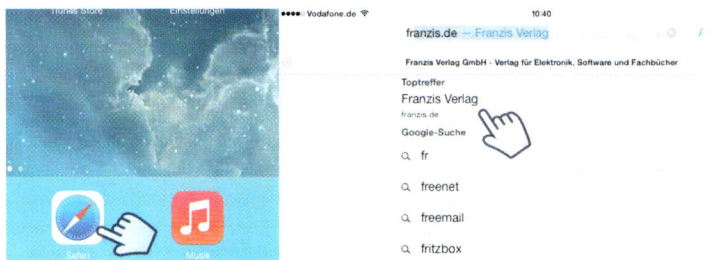

Rufen Sie Safari auf, tippen Sie in die Eingabeleiste, geben Sie auf der virtuellen Tastatur die Anfangsbuchstaben der Adresse ein und tippen Sie auf den Eintrag der Internetseite.

❷ Safari zeigt Ihnen die Franzis-Homepage, die Sie nun mit zwei Fingern vergrößern und wieder verkleinern können: Legen Sie Daumen und Zeigefinger auf den Bildschirm und bewegen Sie die Finger. Der Inhalt der Internetseite vergrößert oder verkleinert sich – Sie zoomen.

Bewegen Sie die beiden Finger, vergrößert oder verkleinert sich der Inhalt der Internetseite.

❸ Haben Sie genug gezoomt, drücken Sie den Home-Knopf, um zum Home-Bildschirm zurückzukehren.

Wischen und Zusammenziehen mit vier oder fünf Fingern

Und auch die folgenden Gesten mit vier oder fünf Fingern können Sie einsetzen:

Ziehen Sie vier oder fünf Finger zusammen, kehren Sie von der aktiven App, die Ihnen gerade auf dem Bildschirm angezeigt wird, zum Home-Bildschirm zurück. Diese Geste ersetzt also das Drücken des Home-Knopfs. Haben Sie Ihre Finger ohnehin auf oder über dem Bildschirm, ist es oft bequemer, diese zusammenzuziehen, als den Home-Knopf zu drücken.

Wischen Sie mit vier oder fünf Fingern nach oben, erscheint die sogenannte Multitasking-Leiste, die Ihnen zeigt, welche Apps auf Ihrem iPad geöffnet sind. Damit können Sie schnell und gezielt von einer App zu einer anderen zu wechseln. Außerdem können Sie Apps über die Multitasking-Leiste beenden, indem Sie sie mit einem Finger nach oben aus der Leiste herausziehen.

Merken Sie sich einfach nur: Mit vier oder fünf Fingern nach oben wischen: App-Übersicht. Der Rest ergibt sich ganz von selbst.

Multitasking-Leiste mit dem Home-Knopf aufrufen

Alternativ können Sie die Multitasking-Leiste auch aufrufen, indem Sie den Home-Knopf zweimal kurz hintereinander drücken.

Wischen Sie mit vier oder fünf Fingern nach rechts oder links, können Sie zwischen den Apps wechseln, die geöffnet sind, indem Sie sie Bildschirmseite für Bildschirmseite durchblättern. Sie haben dabei keine Übersicht wie bei der Multitasking-Leiste und können Apps dabei nicht gezielt wechseln.

Apps aufrufen und zum Home-Bildschirm zurückkehren

Diese drei Multitasking-Gesten – so werden sie von Apple genannt – probieren Sie natürlich auch gleich aus: Dazu rufen Sie zunächst vom Home-Bildschirm aus mehrere Apps auf, indem Sie dort z. B. auf die Symbole der Apps *Uhr*, *Karten* und *Notizen* tippen. Nach jedem Aufruf müssen Sie zurück zum Home-Bildschirm, um eine neue App aufrufen zu können. Setzen Sie dafür, statt auf den Home-Knopf zu drücken, gleich die neue Geste ein und ziehen Sie vier oder fünf Finger zusammen!

Multitasking-Leiste aufrufen und Apps beenden

Ist es Ihnen gelungen, mehrere Apps aufzurufen, lassen Sie aus der App heraus, die Sie zuletzt aufgerufen haben, die Multitasking-Leiste erscheinen, indem Sie mit vier oder fünf Fingern nach oben wischen. Die Leiste zeigt Ihnen verkleinerte Darstellungen aller geöffneten Apps und des Home-Bildschirms. Unter jeder Darstellung befindet sich das dazugehörige App-Symbol. Sie können die Leiste mit einem Finger nach rechts oder links bewegen, um sich einen Überblick zu verschaffen und sich gezielt eine bestimmte App anzeigen zu lassen.

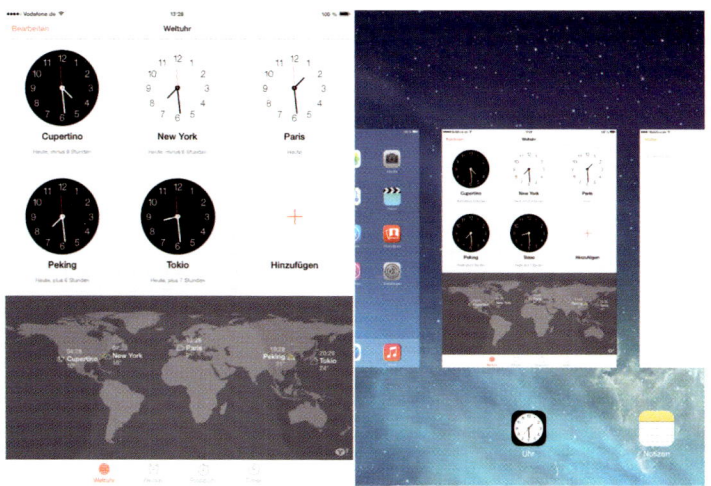

Wischen Sie mit vier oder fünf Fingern nach oben, erscheint die Multitasking-Leiste, die Ihnen alle Apps zeigt, die geöffnet sind.

Tippen Sie auf eine App-Darstellung, wechseln Sie direkt zur App. Wischen Sie dort mit vier oder fünf Fingern nach oben, gelangen Sie zur Multitasking-Leiste zurück. Dort beenden Sie jetzt probehalber eine App, indem Sie sie nach oben aus der Leiste herausziehen.

Um eine App zu beenden, ziehen Sie deren verkleinerte Darstellung einfach nach oben aus der Leiste heraus.

Apps durch Wischen mit vier oder fünf Fingern wechseln

Jetzt probieren Sie auch gleich noch den App-Wechsel durch Wischen nach rechts und links aus: Tippen Sie in der Multitasking-Leiste auf eine App-Darstellung, um sich diese anzeigen zu lassen, und wischen Sie dort mit vier oder fünf Fingern nach links. Auf Ihrem Bildschirm erscheint die nächste App. Wischen Sie mit vier oder fünf Fingern nach rechts, gelangen Sie zur Ausgangs-App zurück. Wischen Sie sich nach links und rechts durch Ihre Apps und kehren Sie dann zum Home-Bildschirm zurück, indem Sie vier oder fünf Finger zusammenziehen.

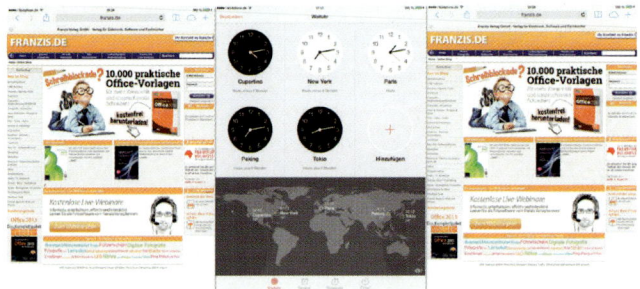

Durch Wischen mit vier oder fünf Fingern nach links und rechts wechseln Sie von einer geöffneten App zur nächsten und auch wieder zurück.

4.2 Schreiben mit der virtuellen Tastatur

Zur Bedienung Ihres iPads gehören die virtuellen Tastaturen, die automatisch erscheinen, wenn Sie irgendwo Text, Zahlen oder Symbole eingeben können. Normalerweise erscheint eine Tastatur, wenn Sie auf ein Eingabefeld tippen oder eine App aufrufen, bei der Sie Texteingaben machen und in den Eingabebereich tippen können. Letzteres ist z. B. bei der App *Notizen* der Fall, die Sie am besten jetzt gleich vom Home-Bildschirm aus aufrufen.

Größe der Tastatur ändern

Tippen Sie in den Eingabebereich der App *Notizen*, erscheint die virtuelle Tastatur am unteren Bildschirmrand. Drehen Sie Ihr iPad vom Quer- ins Hochformat und umgekehrt, wird die Tastatur immer am unteren Bildschirmrand angezeigt, verändert dabei aber die Größe. Da die Tasten im Querformat deutlich größer und dadurch einfacher zu treffen sind, sollten Sie Ihr iPad zumindest am Anfang einfach immer ins Querformat drehen, wenn eine virtuelle Tastatur erscheint. Im Fall der App *Notizen* sehen Sie, dass sich manchmal auch das Aussehen einer App verändert, wenn Sie Ihr iPad drehen.

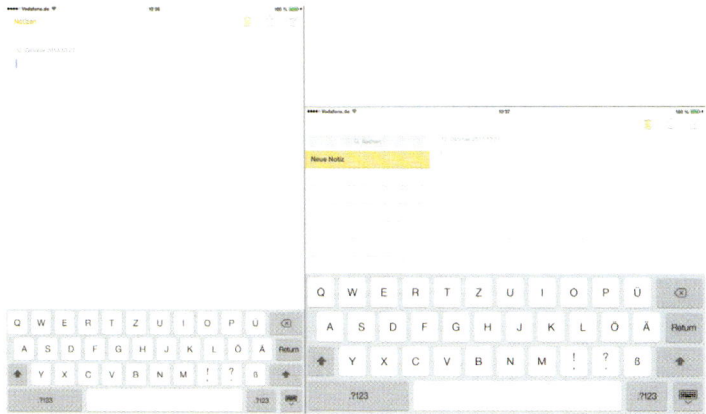

Drehen Sie Ihr iPad, ändern sich die Größe der Tastatur und das Aussehen der App **Notizen***.*

Buchstaben, Ziffern und Zeichen eingeben

Im Grunde benutzen Sie eine virtuelle Tastatur genau so wie eine richtige Tastatur. Dennoch gibt es einige Unterschiede. Was Sie am Anfang etwas irritieren wird, ist das Tippgefühl, das natürlich völlig anders ist, weil es keine fühlbaren Reaktionen auf Ihre Eingaben gibt. Die einzige Reaktion ist das Tippgeräusch. Auch etwas merkwürdig ist, dass Ihre Eingabe erst erscheint, wenn Sie Ihren Finger von einer Taste nehmen. An das neue Tippgefühl werden Sie sich aber schnell gewöhnen. Die folgenden Bedienhinweise gelten für alle Apps und Dialogfelder, in denen Sie Eingaben mit einer Tastatur vornehmen können.

Auto-Korrektur macht Verbesserungsvorschläge

Während Sie schreiben, macht Ihnen Ihr iPad Ergänzungs- und Korrekturvorschläge. Erschrecken Sie also nicht, wenn auf einmal ein Wortvorschlag erscheint. Sie können den Vorschlag übernehmen, indem Sie auf die Leertaste tippen oder ein Satzzeichen eingeben, ohne dafür Ihren Eingabefluss unterbrechen zu müssen. Möchten Sie den Vorschlag nicht übernehmen, tippen Sie auf das X-Feld des Vorschlags. Die Auto-Korrektur können Sie in den Einstellungen Ihres iPads gezielt abschalten und aktivieren.

Virtuelle Tastaturen wechseln

Eine weitere Besonderheit ist, dass die virtuelle Tastatur aus Platzgründen deutlich weniger Tasten als eine Standardtastatur hat, dafür aber gleich aus mehreren Tastaturen besteht.

❶ Diese wählen Sie über eine der beiden .?123-Tasten an, die sich rechts und links neben der Leertaste befinden.

❷ Es erscheint dann eine numerische Tastatur, von der aus Sie entweder mit der Taste #+= zu einer Tastatur mit Sonderzeichen oder mit der Taste *ABC* wieder zurück zur Buchstabentastatur wechseln.

Probieren Sie es aus und wechseln Sie die virtuellen Tastaturen mit den Tastaturtasten.

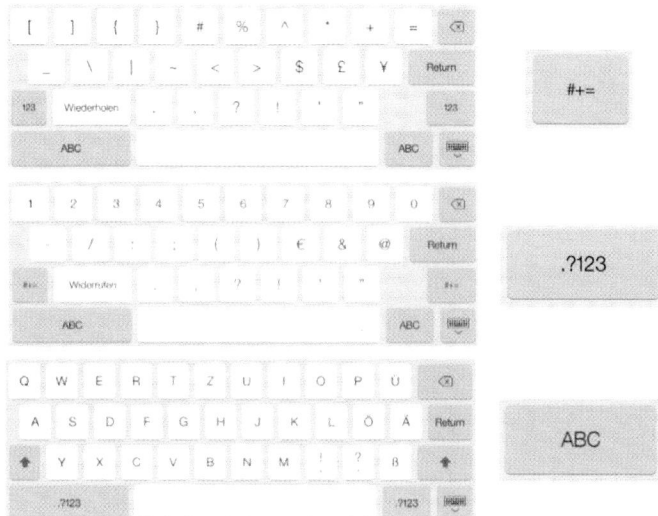

Mit den Tastaturtasten (rechts) wählen Sie die unterschiedlichen Tastaturen aus.

Akzente und diakritische Zeichen

Wenn Sie sich die Tastaturen genau anschauen, stellen Sie fest, dass Tasten für wichtige Sonderzeichen wie Akzente oder diakritische Zeichen fehlen.

❶ Diese Sonderzeichen geben Sie ein, indem Sie Ihren Finger einen Moment auf der Taste des Grundbuchstabens ruhen lassen, für ein „ô" also auf der Taste O.

❷ Es erscheint dann ein kleines Auswahlfeld, in dem Sie Ihren Finger auf das gewünschte Zeichen schieben können. Heben Sie den Finger, wird das Sonderzeichen eingefügt.

Das klingt ein wenig nach einer gymnastischen Übung, lässt sich aber recht einfach bewerkstelligen. Probieren Sie es aus und geben Sie „Rhône" ein.

*Das „ô" in „Rhône" geben Sie ein, indem Sie Ihren Finger auf der **O**-Taste ruhen lassen, ihn dann im Auswahlfeld auf den Buchstaben ô schieben und anheben.*

Großbuchstaben, Feststelltaste, Satzzeichen

Wenn Sie schon dabei sind, geben Sie gleich noch ein wenig mehr Text ein, und lernen Sie weitere Feinheiten kennen. Wie Sie sicher schon festgestellt haben, wechseln Sie auch hier mit der Umschalttaste von der Klein- zur Großschreibung und wieder zurück. Nicht sofort ersichtlich ist, dass die virtuelle Tastatur auch mit einer Feststelltaste ausgestattet ist.

❶ Tippen Sie zweimal kurz hintereinander auf die Umschalttaste, wird diese dunkelgrau, und Sie geben so lange Großbuchstaben ein, bis Sie wieder auf die Umschalttaste tippen.

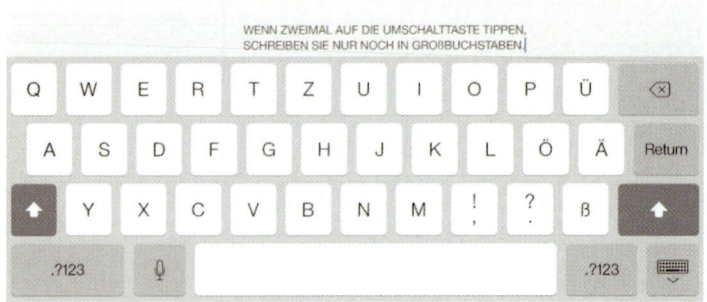

Mit einem Doppeltipp machen Sie die Umschalt- zur Feststelltaste.

❷ Mit der Rücktaste – der X-Pfeil rechts oben, der nach links weist – löschen Sie das Zeichen, das sich links von der Einfügemarke befindet.

❸ Mit der Taste *Return* geben Sie normalerweise so wie hier in der App *Notizen* einen Absatz ein. Manchmal bestätigen Sie damit aber auch eine Eingabe oder aktivieren einen Aufruf.

❹ Satzzeichen gibt es auf allen drei Tastaturen. Benötigen Sie besondere Satzzeichen wie z. B. ein umgekehrtes Fragezeichen („¿"), finden Sie diese in den Auswahlfeldern der Tasten der Sonderzeichentastatur, die erscheinen, wenn Sie einen Finger etwas länger auf einer Taste ruhen lassen.

Und noch ein Tipp: Die häufig benötigte Satzzeichenkombinationen „Punkt mit Leerstelle", die Sie ja am Ende eines jeden Satzes benötigen, können Sie auch erzeugen, indem Sie zweimal kurz hintereinander auf die Leertaste tippen.

Eingegebene Texte bearbeiten

Selbstverständlich lassen sich Eingaben auch bearbeiten. Dazu müssen Sie die Einfügemarke, an der Ihre Eingaben erscheinen, zunächst an die Stelle bewegen, die Sie bearbeiten möchten, und können dort dann Einfügungen oder Löschungen vornehmen. Beim Bewegen der Einfügemarke ist buchstäblich ein wenig Fingerspitzengefühl notwendig, da Sie diese tatsächlich mit dem Finger bewegen:

❶ Lassen Sie einen Finger auf dem Geschriebenen ruhen, erscheint eine Lupe mit der Einfügemarke, die Sie dann an die gewünschte Stelle bewegen. Dort angekommen, heben Sie den Finger.

❷ Die Einfügemarke blinkt, und es erscheint ein Kontextmenü, das Sie erst einmal ignorieren. Sie können nun Eingaben vornehmen oder z. B. mit der Rücktaste löschen.

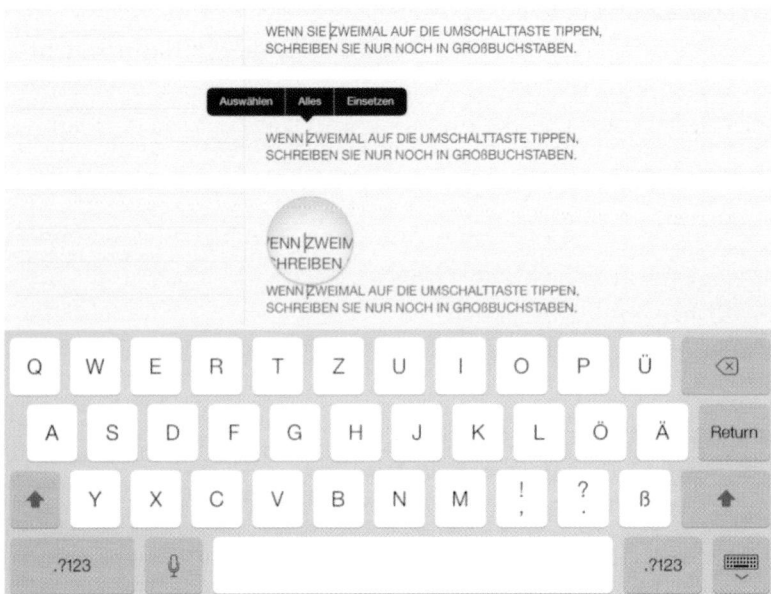

Bewegen Sie die Lupe mit der Einfügemarke an die gewünschte Stelle und nehmen Sie dort
weitere Eingaben vor oder löschen Sie einzelne Buchstaben mit der Rücktaste.

Textpassagen kopieren, ausschneiden und einsetzen

Zum Bearbeiten gehört auch, dass Sie Zeichen, Wörter, Absätze und komplette Einträge – kurz, beliebige Passagen – kopieren, löschen und einsetzen
können. Grundvoraussetzung dafür ist, dass Sie die Passage, die Sie kopieren, löschen oder ein- bzw. ersetzen möchten, zuvor markiert haben.

❶ Dazu schalten Sie zuallererst in den Markierungsmodus, indem Sie
doppelt auf eine Eingabe, z. B. ein Wort, tippen. Das Wort wird markiert und hellblau unterlegt angezeigt.

❷ Am Anfang und Ende der Markierung sehen Sie zwei Stecknadel-
symbole – eins zeigt nach oben, eins nach unten. Diese Stecknadeln
verschieben Sie nun mit einem Finger so, dass genau der Bereich markiert ist, den Sie kopieren, ausschneiden oder ersetzen möchten. Ersetzen können Sie allerdings nur, wenn Sie zuvor etwas kopiert oder
ausgeschnitten haben.

❸ Wählen Sie im Kontextmenü, das über der Markierung angezeigt wird, probehalber den Eintrag *Kopieren*, bewegen Sie die Einfügemarke an eine andere Stelle Ihres Texts und wählen Sie den Kontextmenüeintrag *Einsetzen*. Die Passage, die Sie zuvor markiert haben, wird eingefügt.

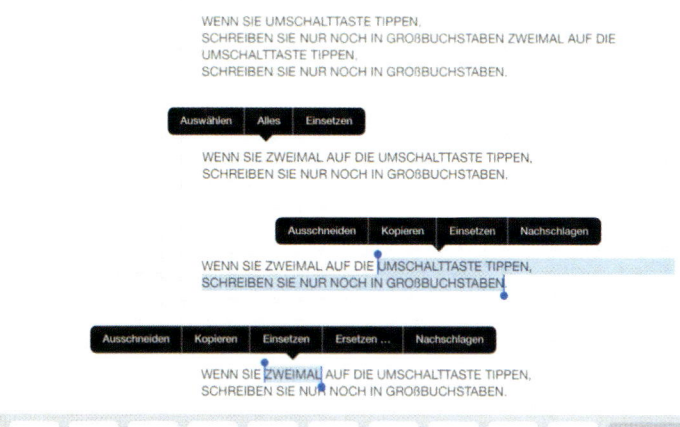

*Wechseln Sie in den Markierungsmodus, markieren und kopieren Sie, setzen Sie die Einfügemarke an die gewünschte Stelle und tippen Sie auf **Einsetzen**.*

Nachschlagen in größeren Texten

Der Vollständigkeit halber kurz zur Funktion *Nachschlagen*: Sie können Wörter im Duden und in fremdsprachigen Wörterbüchern nachschlagen. Diese Nachschlagewerke stehen Ihnen kostenlos zur Verfügung, müssen aber vor der ersten Verwendung aus dem Internet heruntergeladen werden. Dies ist ein sehr einfacher Vorgang, den Sie auch jetzt gleich ausprobieren können, indem Sie den Duden laden und einsetzen.

❶ Sie markieren ein Wort Ihres kleinen Beispieltexts und tippen auf den Kontextmenüeintrag *Nachschlagen*. Da noch kein Wörterbuch installiert ist, meldet Ihr iPad *Keine Definition gefunden*.

❷ Um das zu ändern, tippen Sie unten links im Meldungsfenster auf den Eintrag *Verwalten*. Es erscheint eine Übersicht mit Wörterbüchern, die Ihnen ganz oben den Duden-Eintrag zeigt.

❸ Tippen Sie auf das Wolkensymbol des Eintrags, wird aus der Wolke ein Kreis, dessen Außenlinie sich langsam füllt – das Wörterbuch wird heruntergeladen.

❹ Ist der Ladevorgang beendet, tippen Sie auf Ihr markiertes Wort, wählen noch einmal den Kontextmenüeintrag *Nachschlagen* und bekommen die Wortdefinition angezeigt. Auf diese Weise können Sie nun jedes beliebige Wort nachschlagen.

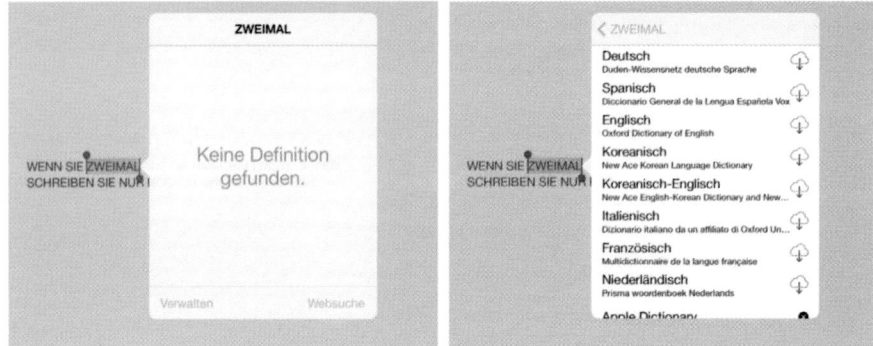

Bevor Sie ein Wort nachschlagen können, müssen Sie ein Wörterbuch installieren.

Tastatur teilen und wieder zusammenführen

Bei Ihrem iPad lässt sich die virtuelle Tastatur auch teilen. Das ist z. B. dann von großem Vorteil, wenn Sie Ihr iPad in der Hand halten und stehend Texteingaben vornehmen müssen. Ist die Tastatur geteilt, können Sie das Gerät in beide Hände nehmen und mit beiden Daumen tippen. Nach einer kurzen Eingewöhnung können Sie mit Ihren Daumen eine erstaunliche Tippgeschwindigkeit erreichen. Voraussetzung ist, dass die Tastatur dann so aussieht wie in der folgenden Abbildung.

Ist die Tastatur geteilt, können Sie mit beiden Daumen tippen.

Für das Teilen und Zusammenführen der Tastatur ist die Tastaturtaste zuständig, die Sie mit Sicherheit schon entdeckt haben.

❶ Wenn Sie kurz auf die Tastaturtaste tippen, verschwindet die virtuelle Tastatur, und Sie haben freie Sicht auf die gesamte Bildschirmseite.

❷ Tippen Sie in ein Eingabefeld, erscheint die Tastatur wieder, und Sie können mit der Eingabe fortfahren. Lassen Sie Ihren Finger etwas länger auf der Tastaturtaste, erscheint ein Auswahlfeld, das Ihnen die Einträge *Abdocken* und *Teilen* zeigt.

Beim Abdocken löst sich die virtuelle Tastatur vom unteren Bildschirmrand und wird in der Mitte des Bildschirms angezeigt. Beim Teilen erscheint sie dort in zwei verkleinerten Teilen.

❸ Möchten Sie die Tastatur wieder andocken und/oder zusammenführen, bringen Sie das Auswahlfeld der Tastaturtaste wieder zum Vorschein und tippen dort auf den gewünschten Eintrag.

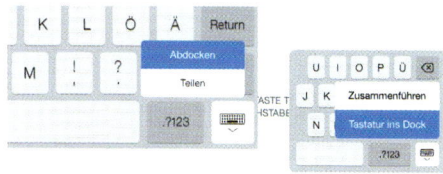

Über das Auswahlfeld der Tastaturtaste können Sie diese abdocken, teilen und wieder zusammenführen.

4.3 Kontrollzentrum und Mitteilungszentrale

Zwei Bedienelemente, die Sie vielleicht bereits zufällig entdeckt haben, zeigen sich erst, wenn Sie vom äußeren Bildschirmrand nach innen wischen – das *Kontrollzentrum* und die *Mitteilungszentrale*. Das Kontrollzentrum vereint einige Apps und Funktionen, die Sie häufig nutzen werden und dadurch im Schnellzugriff haben. Die Mitteilungszentrale gibt Ihnen einen Überblick über Termine und Benachrichtigungen, die Sie erhalten oder verpasst haben.

Das Kontrollzentrum im Überblick

Das Kontrollzentrum erscheint, wenn Sie vom unteren Bildschirmrand aus von außen in den Bildschirm Ihres iPads hineinwischen. Dabei ist es egal, ob Sie das Gerät hoch oder quer verwenden oder was Sie sich gerade auf dem Bildschirm anzeigen lassen. Der Bildschirm verdunkelt sich ein wenig, und es erscheint eine graue Leiste, die mehrere Symbole und Regler enthält – das Kontrollzentrum.

Das Kontrollzentrum erscheint, wenn Sie vom unteren Bildschirmrand nach innen wischen.

Links befinden sich zwei Bedienelemente für den Audio-Player Ihres iPads, die Steuerung und der Lautstärkeregler. In der Mitte sehen Sie die Ein-/Ausschalter für den Flugmodus, den WLAN-Empfang, für Bluetooth-Verbindungen, die Nicht-stören-Funktion und je nach Voreinstellung den Ton oder die Ausrichtungssperre. Rechts sehen Sie zwei Symbole, mit denen Sie die beiden Apps *Uhr* und *Foto* aufrufen können, und einen Helligkeitsregler.

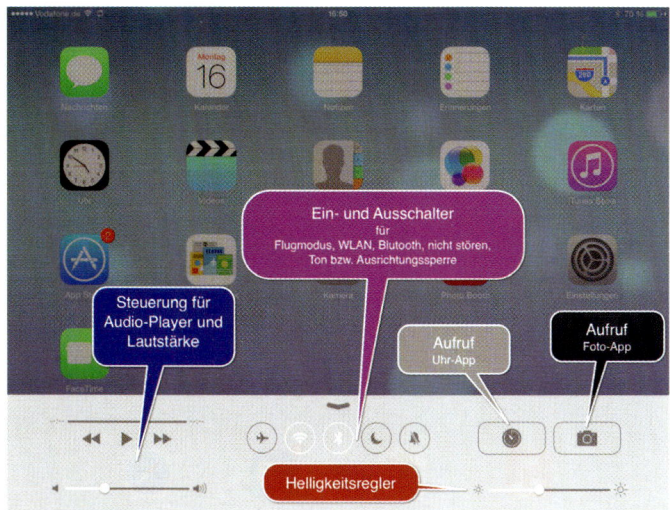

Die Regler und Symbole des Kontrollzentrums.

Was sich im Einzelnen hinter den Schaltern und Reglern verbirgt, erfahren Sie gleich in Kapitel 5, in dem es um die Einstellungen geht, die Sie bei Ihrem iPad vornehmen können. Merken müssen Sie sich zunächst nur, dass Sie über das Kontrollzentrum die Möglichkeit haben, schnell auf wichtige Funktionen zuzugreifen. Normalerweise können Sie das Kontrollzentrum sogar aufrufen, ohne den Sperrbildschirm entsperren zu müssen. Um das Kontrollzentrum wieder zum Verschwinden zu bringen, wischen Sie es zum unteren Bildschirmrand zurück.

Die Mitteilungszentrale im Überblick

Die Mitteilungszentrale erscheint, wenn Sie vom oberen Bildschirmrand von außen in den Bildschirm hineinwischen. Auch hier ist es egal, wie Sie

Ihr iPad halten oder was Sie damit gerade machen. Wischen Sie von oben nach unten, legt sich die leicht transparente schwarze Mitteilungszentrale über den kompletten Bildschirm.

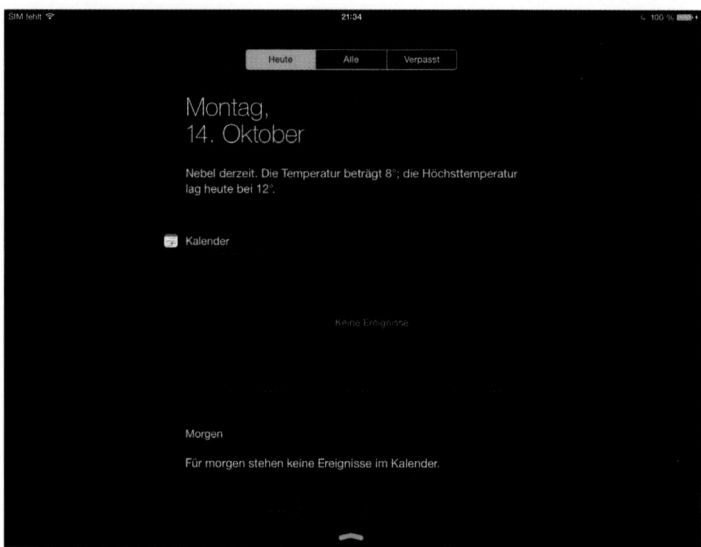

Die Mitteilungszentrale nimmt den ganzen Bildschirm ein.

Ganz oben sehen Sie eine kleine Navigationsleiste, mit der Sie sich durch die drei Seiten *Heute*, *Alle* und *Verpasst* bewegen können, die Ihnen die Mitteilungszentrale bietet. Beim Aufruf erscheint immer die Seite *Heute*, die Ihnen neben dem aktuellen Datum eine kurze Wetterinformation sowie Termineinträge für den aktuellen und den nächsten Tag zeigt, die Sie zuvor in der *Kalender*-App eingegeben haben.

Auf der Seite *Alle* erscheinen Nachrichteneinträge, Update-Informationen, Erinnerungen und weitere Mitteilungen, die Sie erhalten haben. Auf der Seite *Verpasst* finden Sie eine Auflistung aller Kommunikationsanfragen, auf die Sie nicht reagiert haben. Dabei kann es sich z. B. um FaceTime- oder Skype-Anrufe handeln.

Möchten Sie die Mitteilungszentrale schließen, wischen Sie sie zum oberen Bildschirmrand zurück.

5 Wichtige Einstellungen anpassen

Geht Ihnen bei der Texteingabe die Auto-Korrektur auf die Nerven? Möchten Sie unterbinden, dass Ihnen Ihr iPad ständig meldet, welche WLAN-Netzwerke Ihnen zur Verfügung stehen? Wollen Sie verhindern, dass sich das Gerät im Ausland immer wieder für teures Geld per Mobilfunk mit dem Internet verbindet, nur um nachzuschauen, ob E-Mails für Sie eingetroffen sind? All das und noch viel mehr regeln Sie über die *Einstellungen*, die Sie über den Home-Bildschirm aufrufen.

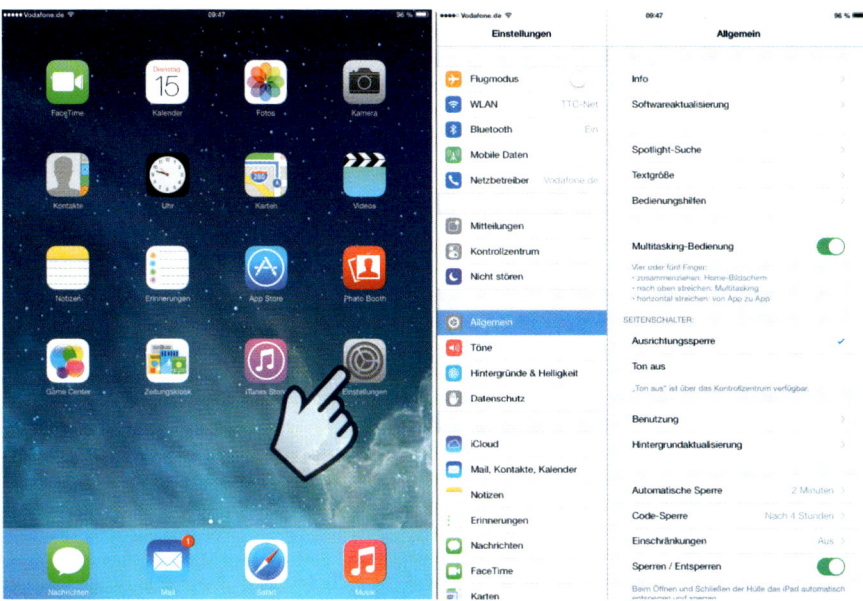

*Die **Einstellungen** Ihres iPads rufen Sie über den Home-Bildschirm auf.*

Auch wenn Sie Ihr iPad nicht zum Einstellen, sondern zur Verwendung von Apps erworben haben, sollten Sie sich mit den diversen Einstellungsmöglichkeiten vertraut machen. Dieses Kapitel hilft Ihnen dabei. Es zeigt Ihnen, was Sie in den Einstellungen finden und was Sie bei dem, was Sie einstellen, beachten sollten.

5.1 Aufbau, Schalter und Symbole

Bevor Sie sich mit einzelnen Einstellungen auseinandersetzen, sollten Sie sich die Einstellungen Ihres iPads im Überblick anschauen.

Die Einstellungen sind zweigeteilt: Links befindet sich eine Navigationsleiste, über die Sie Einzelbereiche wie *Mobile Daten, Allgemein, Mail, Kontakte* oder *Kalender* durch Antippen aufrufen. Sie können die Navigationsleiste durch Wischen nach unten und oben bewegen. Tippen Sie auf einen Leisteneintrag, erscheint dessen Inhalt im rechten Bereich der Einstellungsseite, der dann automatisch die Überschrift des Eintrags bekommt, den Sie gewählt haben.

Die Einstellungsdialoge sind sehr übersichtlich und einfach zu bedienen, da es nur wenige Standardschalter und Standardsymbole gibt. Lassen Sie sich z. B. den Einstellungsbereich *Allgemein* anzeigen, sehen Sie bereits fast alle Schalter, Symbole und Einstellverfahren, die Ihnen in den Einstellungen begegnen werden:

- **Grauer Pfeil:** Der kleine graue Pfeil weist Sie darauf hin, dass Sie durch Antippen des Eintrags auf eine neue Seite mit weiteren Einstellungsmöglichkeiten wechseln.

- **Grauer Pfeil mit Angabe:** Befindet sich vor dem kleinen grauen Pfeil eine Angabe wie etwa *Nach 4 Stunden*, heißt dies, dass auf einer Seite mit weiteren Einstellungsmöglichkeiten die betreffende Angabe ausgewählt ist, von Ihnen aber jederzeit anders eingestellt werden kann.

- **Ein/Aus:** Mit dem Ein-/Ausschalter, den Sie mit dem Finger bewegen können, stellen Sie eine bestimmte Option ein oder aus. *Ein* wird zusätzlich grün gekennzeichnet.

- **Häkchen:** Das blaue Häkchen zeigt Ihnen, welche Option einer Optionsauswahl angewählt ist. Sie können das Häkchen durch Antippen einer anderen Option versetzen und diese dadurch aktivieren.

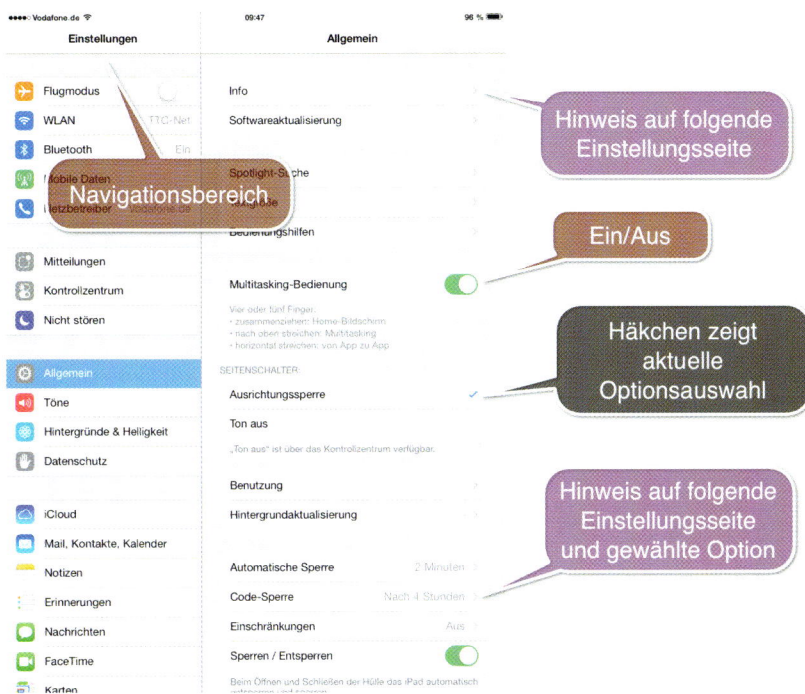

Standardschalter und Symbole der **Einstellungen**.

Außerdem werden Sie in den Einstellungen noch auf Schieberegler stoßen, mit denen Sie z. B. die Bildschirmhelligkeit oder die Lautstärke von Hinweistönen einstellen. Den Regler verschieben Sie dann mit dem Finger in die eine oder andere Richtung.

Schieberegler sind ein weiteres Standardbedienelement der **Einstellungen**.

5.2 Einstellungsgruppen und Inhalte

Schauen Sie sich die Navigationsleiste etwas genauer an, sehen Sie, dass die Einträge gruppiert und mit einem grauen Balken voneinander abgesetzt sind:

- In der ersten Gruppe (von *Flugmodus* bis *Persönlicher Hotspot*) dreht sich alles um Mobilverbindungen.

- In der zweiten Gruppe geht es um die Bedienelemente *Kontrollzentrum* und *Mitteilungszentrale*.

- In der dritten Gruppe finden Sie alle möglichen allgemeinen Einstellungen.

- In der vierten Gruppe (von *iCloud* bis *Safari*) ist alles zusammengefasst, was irgendwie inhaltlich mit dem Internet zu tun hat.

- Es folgen Gruppen zu den Einstellungen der Standard-Apps (*iTunes & App Store* bis *Game Center*), der sozialen Netzwerke (*Twitter* bis *Vimeo*) und der Apps, die Sie selbst auf Ihrem iPad installiert haben.

Mobileinstellungen

In der Gruppe, in der die Mobileinstellungen zusammengefasst sind, gibt es wohl den größten Einstellungsbedarf. Dort können Sie festlegen, wie und ob Ihr iPad überhaupt Kontakt ins Internet und mit anderen Geräten aufnimmt. Konkret geht es hier um die Einstellungen zu WLAN, Bluetooth, Mobilfunk und – gleich zuallererst – zum Flugmodus.

Flugmodus

Den *Flugmodus* können Sie nur ein- und ausschalten. Anders als bei allen anderen Einstellungsmöglichkeiten befindet sich der Schalter bereits in der Navigationsleiste. Schalten Sie den Flugmodus ein, werden alle Funkverbindungsmöglichkeiten (WLAN, Bluetooth und Mobilfunk) Ihres iPads so lange komplett abgeschaltet, bis Sie den Flugmodus wieder ausschalten.

Das Einschalten des *Flugmodus* hat auch unmittelbare Folgen für die Navigationsleiste der *Einstellungen* und die Statuszeile: In der Navigationsleiste verschwindet der Eintrag *Netzbetreiber* komplett, bei den Einträgen *WLAN* und *Bluetooth* erscheint die Statusangabe *Aus*, der Eintrag *Mobile Daten* zeigt den Hinweis *Flugmodus* und lässt sich nicht mehr anwählen, und in der Statuszeile wird statt der Symbole für die Empfangsstärken von Mobilfunk und WLAN ein kleines Flugzeugsymbol angezeigt.

Das Einschalten des Flugmodus verändert die Auswahlmöglichkeiten in den Einstellungen und die Symbole in der Statusleiste.

Sinn und Zweck des Flugmodus ist genau das, was die Bezeichnung vermuten lässt: Bei den meisten Fluglinien dürfen Sie Ihr iPad nur im Flugmodus benutzen, damit ausgeschlossen ist, dass dessen Funkaktivitäten die Bordelektronik stören. Sie können den Flugmodus aber natürlich auch einschalten, um zu verhindern, dass sich das Gerät unbemerkt im Auslandsurlaub mit kostenpflichtigen WLAN-Zugängen oder teuren Mobilfunkanbietern („Roaming") verbindet.

WLAN

Im Einstellungsbereich *WLAN* legen Sie fest, ob und mit welchem WLAN-Zugang sich Ihr iPad verbinden darf. Über den Eintrag des aktuellen WLAN-Zugangs, der direkt unter dem Ein-/Ausschalter für das WLAN angezeigt wird, können Sie weitere Detailinformationen zum Netzwerk (z. B. IP-Adressen und Proxy-Einstellungen) aufrufen. Außerdem können Sie Ihr iPad hier anweisen, Sie nicht auf WLAN-Netze hinzuweisen.

Sind mehrere WLAN-Zugänge in erreichbarer Nähe, werden Ihnen diese im Bereich *Netzwerk wählen* aufgelistet. Tippen Sie auf einen der Listeneinträge, verbindet sich Ihr iPad mit dem betreffenden Netzwerk. Handelt es sich um bekannte WLAN-Zugänge, verbindet sich Ihr iPad automatisch mit dem Zugang mit der besten Signalstärke.

*Über die Auswahlliste **Netzwerk wählen** können Sie Ihr iPad mit einem anderen WLAN-Zugang verbinden.*

Sie müssen WLAN-Zugangsdaten nur einmal eingeben

Verbinden Sie Ihr iPad zum ersten Mal mit einem WLAN-Zugang, müssen Sie normalerweise eine Zugangskennung oder ein WLAN-Kennwort eingeben. Das iPad merkt sich die Zugangsdaten und verbindet sich beim nächsten Mal automatisch und ohne weitere Nachfrage.

Bluetooth

Bluetooth ist die Bezeichnung einer Funkverbindung, die bei Kleingeräten wie Kopfhörern und Autoradios, aber auch von Smartphones wie dem iPhone verwendet wird, um z. B. Musik oder Fotos zu übertragen oder die Freisprecheinrichtung zu nutzen. Es gibt aber auch Tastaturen, die per Bluetooth angebunden werden können.

Ihr iPad kann sich mit allen anderen Bluetooth-Geräten verbinden, wenn Sie Bluetooth eingeschaltet haben. Die Bluetooth-Funktion ist bei Ihrem iPad normalerweise abgeschaltet, um Strom zu sparen. Sie schalten sie im Einstellungsbereich *Bluetooth* ein. Ist sie eingeschaltet, hält Ihr iPad ständig Ausschau nach anderen Bluetooth-Geräten, mit denen es sich verbinden kann. Hat es ein Gerät gefunden, zeigt es Ihnen dies hier im Bluetooth-Bereich an. Die Verbindung kommt normalerweise aber erst zustande, wenn sie auf beiden Geräten bestätigt wird.

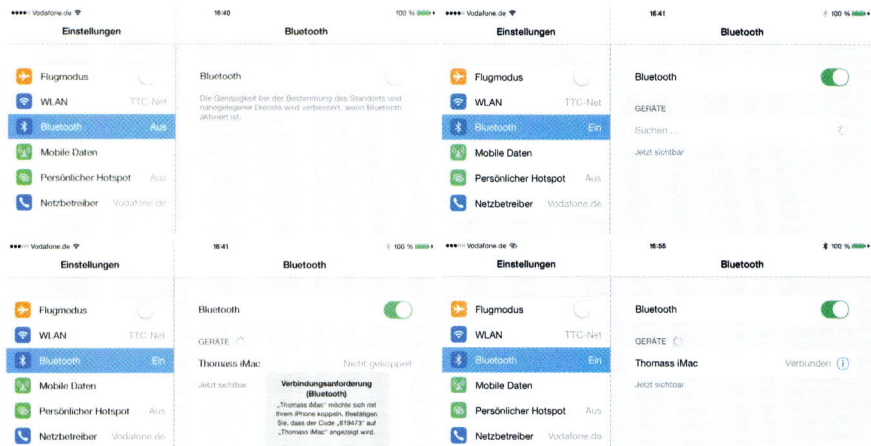

So aktivieren Sie Bluetooth und verbinden ein Bluetooth-Gerät mit Ihrem iPad.

Im Fall der Bluetooth-Tastatur erfolgt die Bestätigung durch Eingabe eines bestimmten Zahlencodes, der Ihnen zuvor auf dem iPad angezeigt wird.

Mobile Daten

Der Eintrag *Mobile Daten* wird nur auf einem iPad mit Mobilfunk angezeigt und sollte vielleicht besser und eindeutiger „Mobilfunkverbindungen" heißen.

Im Bereich *Mobile Daten* legen Sie fest, ob die Mobilfunkverbindung überhaupt verwendet werden soll. Bewegen Sie den Schalter auf die *Aus*-Position, erfolgen Internetverbindungen, zu denen auch das Abrufen von E-Mails gehört, ausschließlich per WLAN.

Direkt darunter befindet sich der Schalter *Datenroaming*, mit dem Sie zulassen oder verbieten können, dass sich Ihr iPad mit einem anderen Mobilfunkdienst als Ihrem eigenen verbindet, um E-Mails abzurufen und andere Internetdatendienste zu benutzen. Das Datenroaming, das normalerweise nur im Ausland zur Anwendung kommt, kann hohe Nutzungsgebühren zur Folge haben.

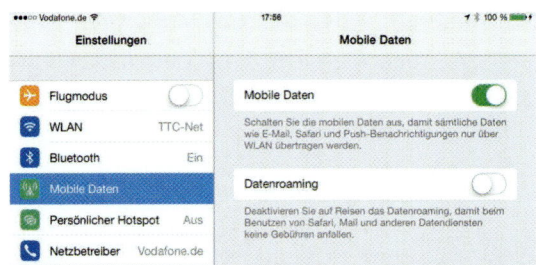

*Haben Sie ein iPad mit Mobilfunk, können Sie im Bereich **Mobile Daten** die Mobilfunknutzung und das Datenroaming gezielt ein- und ausschalten.*

 ## Verhindern Sie Roaming-Gebühren, bevor sie entstehen

Sie können sich vor bösen Überraschungen schützen, indem Sie das Datenroaming abschalten und es nur gezielt und ausnahmsweise einschalten. Noch besser wäre es natürlich, wenn Sie sich im Ausland eine ortsübliche SIM-Karte mit einer Internetflatrate besorgen, die nur einen bestimmten Zeitraum gültig ist oder ein begrenztes Datenvolumen vorsieht.

Apropos SIM-Karte. Der Einstellungsbereich *Mobile Daten* ist auch der Ort, an dem Sie die PIN-Nummer ändern können, mit der Sie die SIM-Karte Ihres iPads entsperren.

Um das zu tun, tippen Sie dort auf den Eintrag *SIM-PIN*, wählen den Eintrag *PIN ändern*, geben zunächst die aktuelle und dann die neue PIN ein und tippen auf den Eintrag *Fertig*.

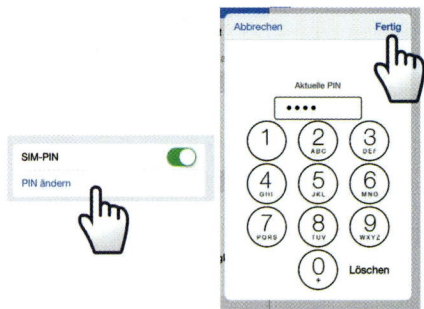

So ändern Sie die PIN-Nummer für die SIM-Karte Ihres iPads.

Nutzen Sie die Mobilfunkverbindung regelmäßig ohne Datenflatrate, ist es für Sie unter Umständen wichtig, zu wissen, welche Datenmengen Sie in einem bestimmten Zeitraum genutzt haben. Ihr iPad führt darüber Buch und teilt Ihnen die Details der Datennutzung im Bereich *Mobile Daten* mit. Es gibt sogar die Datenmenge an, die per Roaming übertragen wurde.

Den Zeitraum legen Sie über den Eintrag *Statistiken zurücksetzen* fest, den Sie etwas weiter unten finden. Dort ist auch angegeben, wann Sie die Statistik zuletzt zurückgesetzt haben. Passen Sie das Zurücksetzen an die Abrechnungszeiträume für Ihre Mobilfunkverbindung an, haben Sie einen sehr guten Überblick über den aktuellen Datenverbrauch.

Die Kurzstatistik der mobilen Datennutzung lässt sich gezielt zurücksetzen.

Sonderfall Persönlicher Hotspot

Im Bereich *Mobile Daten* haben Sie auch die Möglichkeit, aus Ihrem iPad einen Hotspot zu machen, indem Sie einfach den Schalter des Eintrags *Persönlicher Hotspot* auf die Stellung *Ein* schieben.

Ein Hotspot ist ein Zugangspunkt für die Internetnutzung. Machen Sie Ihr iPad zu einem Hotspot, bedeutet dies, dass andere Geräte die Internetverbindung Ihres iPads nutzen können, indem sie sich per WLAN, Bluetooth oder USB-Kabel mit dem Gerät verbinden.

Wie Sie sicherlich gesehen haben, gibt es in der Navigationsleiste der *Einstellungen* auch noch einen eigenen Eintrag *Persönlicher Hotspot*, über den Sie ebenfalls bewirken können, dass andere Geräte sich über Ihr iPad mit dem Internet verbinden. Zwischen diesen beiden Möglichkeiten gibt es einen kleinen, aber äußerst wichtigen Unterschied:

Machen Sie Ihr iPad über den Bereich *Mobile Daten* zu einem Hotspot, benutzen die anderen Geräte die Mobilfunkverbindung. Erledigen Sie es über den Leisteneintrag *Persönlicher Hotspot*, wird dafür die WLAN-Verbindung Ihres iPads verwendet.

Haben Sie die Wahl, sollten Sie sich immer für die WLAN-Verbindung entscheiden. Ganz abgesehen davon, dass die Geschwindigkeit der WLAN-Verbindung deutlich höher ist, können bei der Mobilfunknutzung schnell recht hohe Kosten entstehen. Sie sollten die Hotspot-Mobilfunknutzung daher gut dosieren.

Auch wenn der Begriff „Persönlicher Hotspot" nach Aufwand klingt, ist das Verfahren denkbar einfach: Sie entscheiden sich, auf welchem Weg – Mobilfunk oder WLAN – die anderen Geräte ins Internet gelangen sollen, und schieben den Schalter des Eintrags *Persönlicher Hotspot* entweder im Bereich *Mobile Daten* (Mobilfunk!) oder im Bereich *Persönlicher Hotspot* auf die Position *Ein*. Ab sofort können sich andere Geräte mit dem iPad verbinden und dieses als Zugangspunkt zum Internet nutzen.

Das iPad erscheint z. B. als eigenes Netzwerk in der Netzwerkübersicht eines anderen iPads und kann dort direkt angewählt werden. Die Verbindung erfolgt aber erst, wenn auf dem Fremdgerät das WLAN-Kennwort eingegeben wurden, das auf Ihrem iPad angezeigt wird.

Haben Sie Ihr iPad zu einem Hotspot gemacht, können andere Geräte darüber auf das Internet zugreifen.

Mitteilungen, Kontrollzentrum und Nicht stören

Die zweite Gruppe fasst die *Einstellungen* der beiden neuen Bedienelemente *Mitteilungszentrale* und *Kontrollzentrum* zusammen, die Sie von oben bzw. von unten in den Bildschirm hineinwischen. Mit dabei ist außerdem noch die ebenfalls neue Funktion *Nicht stören*.

Mitteilungen

Im Bereich *Mitteilungen* legen Sie fest, ob die Mitteilungszentrale im Sperrbildschirm erscheinen darf und was Ihnen auf der ersten Mitteilungsseite *Heute* angezeigt wird. Weiter unten können Sie angeben, ob und wie Mitteilungen der Apps, die Sie auf Ihrem iPad installiert haben, in der Mitteilungszentrale angezeigt werden.

Per Voreinstellung sind alle Optionen aktiviert, sodass Sie den Bereich *Mitteilungen* nur dann aufzurufen brauchen, wenn die Mitteilungszentrale z. B. nicht bereits im Sperrbildschirm zugänglich sein soll. Was ebenfalls häufiger vorkommt, ist, dass bestimmte Apps Sie mit unerwünschten Mitteilungen behelligen, die jedes Mal in der Mitteilungszentrale angezeigt werden. Möchten Sie derartige Mitteilungen nicht mehr sehen, stellen Sie sie hier ab.

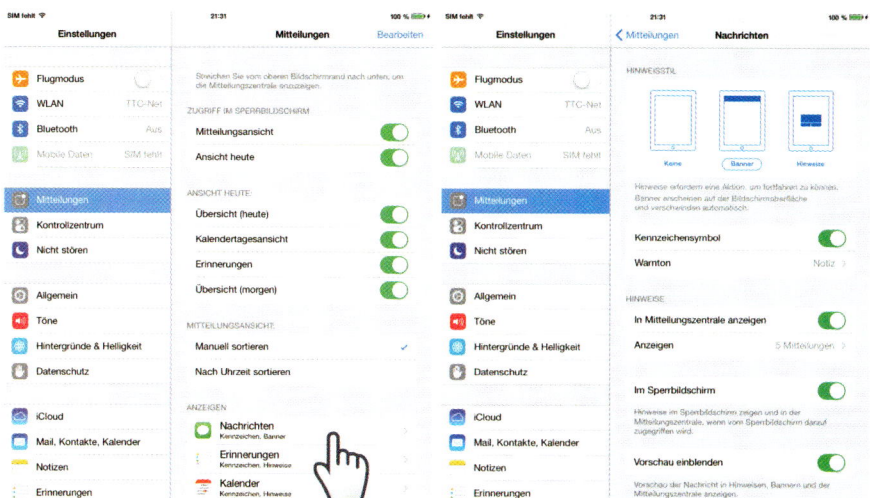

*Im Bereich **Mitteilungen** legen Sie fest, wie sich die Elemente der Mitteilungszentrale verhalten sollen.*

Kontrollzentrum

Per Voreinstellung können Sie das Kontrollzentrum vom Sperrbildschirm und von jeder App aus aufrufen. Im Bereich *Kontrollzentrum* haben Sie die Möglichkeit, eine oder beide Zugriffsmöglichkeiten auszuschalten. Dies ist z. B. dann sinnvoll, wenn Sie bei der Verwendung von Apps immer wieder das Kontrollzentrum unbeabsichtigt ins Bild ziehen. Kurz: Nervt das Kontrollzentrum, stellen Sie es hier ab.

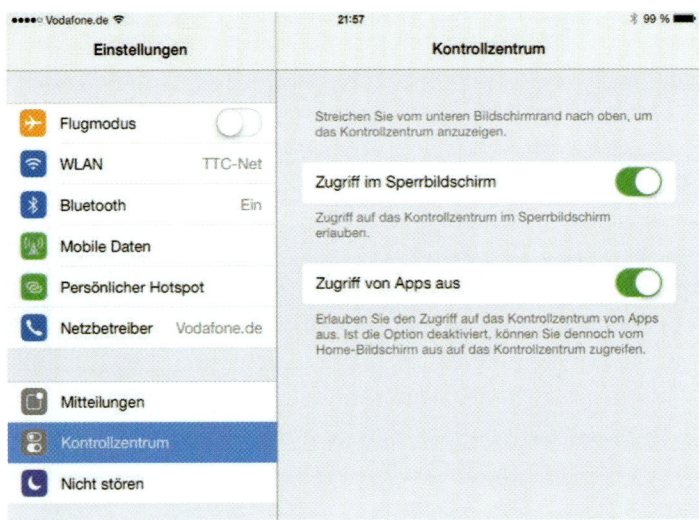

Im Bereich **Kontrollzentrum** *können Sie lediglich festlegen, ob und von wo aus Sie das Kontrollzentrum aufrufen wollen: im Sperrbildschirm oder von jeder App aus.*

Sie können das Kontrollzentrum nicht anpassen

Das Kontrollzentrum wäre noch praktischer, wenn Sie es Ihrem Bedarf anpassen und z. B. Symbole und Funktionen hinzufügen könnten. Dies ist aber ebenso wenig möglich wie das Unterbinden von Aufrufen des Kontrollzentrums aus bestimmten Apps heraus.

Nicht stören

Im Bereich *Nicht stören* können Sie die Nicht-stören-Funktion mit dem Schalter *Manuell* ein- oder ausschalten sowie feiner einstellen. Über den Schalter *Geplant* legen Sie eine Ruhezeit fest, in der Sie entweder überhaupt nicht oder nur von bestimmten FaceTime-Anrufen und Mitteilungen gestört werden möchten. Welche Anrufe und Mitteilungen Sie zulassen, legen Sie über den Eintrag *Anrufe zulassen* fest.

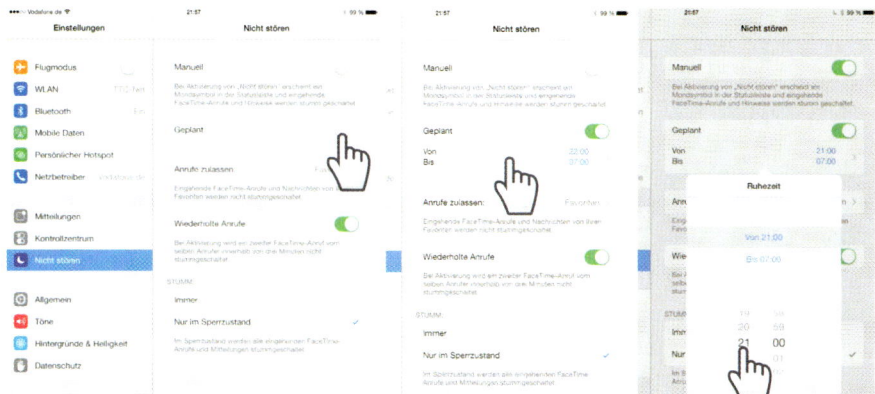

So legen Sie Ihre Ruhezeit fest, in der Sie nicht oder nur in Ausnahmefällen gestört werden wollen.

Allgemein

Der Bereich *Allgemein* ist der Bereich mit den meisten Einstellungsmöglichkeiten. Hier finden Sie alle Einstellungen, die sich auf die Funktionen Ihres iPads als Gerät und nicht auf die Einstellungen einzelner Apps beziehen. Der besseren Erreichbarkeit wegen wurden allerdings die Bereiche *Töne, Hintergrund & Helligkeit* sowie *Datenschutz* ausgekoppelt und sind über eigene Navigationseinträge zugänglich.

Der Bereich *Allgemein* ist so umfangreich, dass hier nicht jede Einstellungsmöglichkeit vorgestellt werden kann. Es ist daher wichtig, dass Sie sich ein wenig Zeit nehmen, selbst auf Entdeckungsreise gehen und sich anschauen, was Sie hier alles festlegen können. Die folgenden Einstellungen sind wichtige Orientierungspunkte.

Info und Softwareaktualisierung

Möchten Sie wissen, wie viel Speicherkapazität Ihr iPad noch übrig hat, wie
viele Apps installiert sind oder wie die Seriennummer lautet? Möchten Sie
vielleicht den Namen Ihres iPads ändern, damit es nicht mehr nur schnö-
de als „iPad", sondern z. B. als „Das iPad von Max Mustermann" angezeigt
wird? Dann müssen Sie auf den Eintrag *Info* tippen, um den *Info*-Bereich zu
öffnen. Dort finden Sie nicht nur alle möglichen Angaben zu Seriennum-
mern, WLAN- und Bluetooth-Adressen sowie Versionen, sondern auch
Zahlenangaben etwa zur Speicherkapazität oder zur Anzahl der gespeicher-
ten Fotos, Videos und Apps. Über den Eintrag *Name* – Sie haben es sich
schon gedacht – können Sie den Namen Ihres iPads ändern.

Ob Ihr iPad auf dem neuesten Stand ist, erfahren Sie, wenn Sie auf den Eintrag *Softwareaktualisierung* tippen. Der Begriff „Software" bezieht sich dabei
ganz allein auf das Betriebssystem *iOS*, die Software also, mit der Ihr iPad
intern arbeitet, und nicht auf die Aktualität der Apps, die Sie installiert haben. Apps werden normalerweise automatisch aktualisiert.

Ihr iPad weist Sie zwar darauf hin, dass es eine Softwareaktualisierung für
das Betriebssystem gibt, installieren müssen Sie sie aber selbst, indem Sie
den Bereich *Softwareaktualisierung* öffnen und dort auf den Eintrag *Laden*
tippen. Liegt keine Aktualisierung vor, erscheint dort nur der Hinweis, dass
„Ihre Software auf dem neuesten Stand" ist.

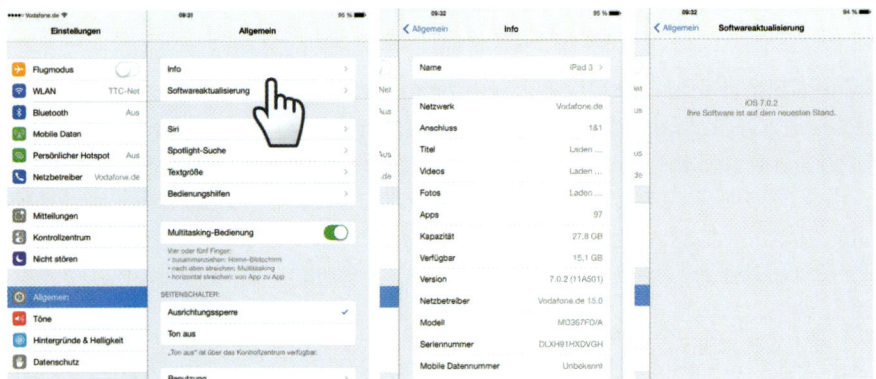

*Über die Einträge **Info** und **Softwareaktualisierung** rufen Sie Detailinformationen zu internen Adressen, Versionsnummern, Kapazitäten und zum Stand des Betriebssystems auf.*

Siri

Vielleicht kennen und schätzen Sie Siri ja bereits. Was Sie womöglich noch nicht wissen, ist, dass Sie Siri auch eine männliche Stimme geben können. Siri ist außerdem multilingual und beherrscht mehrere Sprachen. Möchten Sie mit Siri in Englisch, Französisch, Italienisch, Spanisch, Japanisch, Chinesisch oder Koreanisch kommunizieren? Kein Problem! Stimme und Sprache können Sie einstellen, wenn Sie den Bereich *Siri* öffnen.

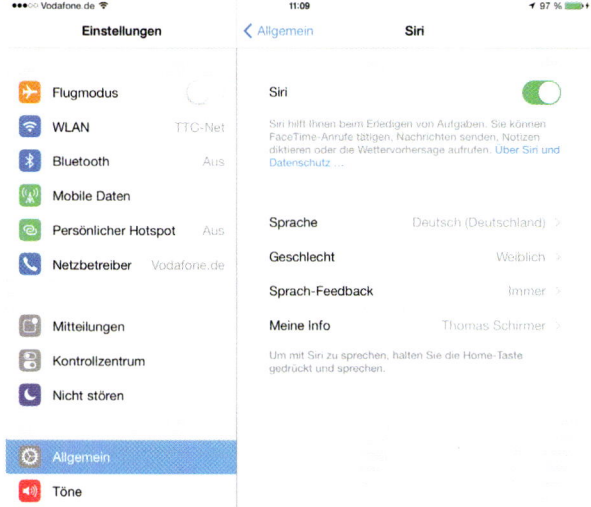

Sie können Siri eine andere Stimme und eine andere Sprache geben.

Textgröße und Bedienungshilfen

Haben Sie Probleme mit der Bedienung Ihres iPads, weil Ihnen die Textdarstellung zu klein oder zu undeutlich ist? Können Sie wegen vorübergehender oder dauerhafter körperlicher Einschränkungen das iPad nicht mit der Hand bedienen? Möchten Sie eigene Gesten aufzeichnen und festlegen? Dann müssen Sie die *Bedienungshilfen* aktivieren und anpassen (lassen).

Ihr iPad verfügt über ein großes Arsenal an Hilfsfunktionen und Bedienungshilfen, die es Ihnen z. B. ermöglichen, das Gerät nur per Spracheingabe und Sprachausgabe einzusetzen oder Farbumkehr- und Kontrasteinstellungen zu wählen, die auch stärkere Einschränkungen der Sehfähigkeit ausgleichen.

All das regeln Sie über den Einstellungsbereich *Bedienungshilfen*, den Sie sich auch dann einmal anschauen sollten, wenn Sie eigentlich gar keine Bedienungshilfen benötigen. Vielleicht finden Sie ja gerade hier eine Funktion, die Sie bisher vermisst haben oder die Sie zweckentfremden können.

Der Eintrag *Textgröße*, den Sie separat anwählen können, bezieht sich nicht auf die allgemeine Textdarstellung, sondern ausschließlich auf die Textdarstellung in den wenigen Apps, die bisher die Funktion der dynamischen Textdarstellung unterstützen. Möchten Sie die Textdarstellung insgesamt vergrößern, erledigen Sie das über die *Bedienungshilfen*.

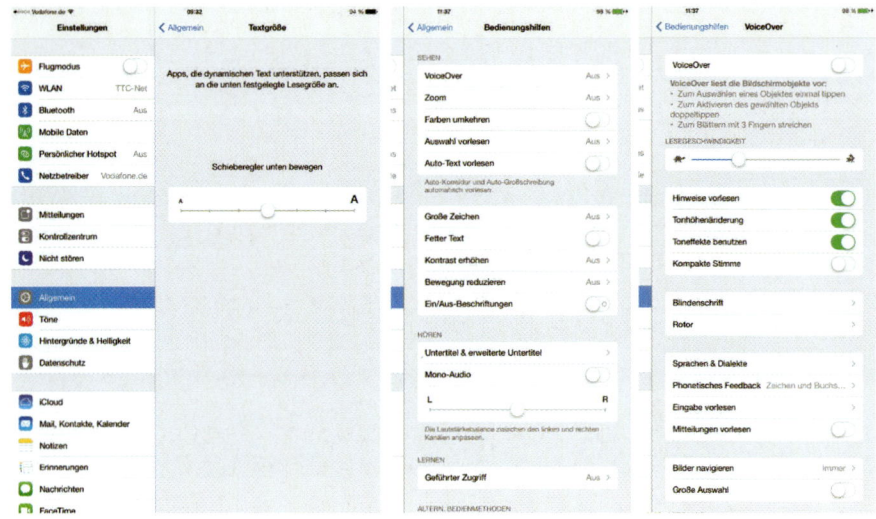

Ihr iPad stellt Ihnen ein großes Arsenal an Bedienungshilfen zur Verfügung.

Multitasking-Bedienung und Seitenschalter

Sollte Sie die Multitasking-Bedienung mit vier oder fünf Fingern ärgern, weil Sie sie zu oft aus Versehen verwenden, können Sie sie über den Schalter *Multitasking-Bedienung* abstellen.

Direkt unter dem Schalter für die Multitasking-Bedienung befindet sich noch eine weitere direkte Einstellungsmöglichkeit. Sie betrifft den kleinen Seitenschalter. Halten Sie Ihr iPad hochkant mit dem Home-Knopf nach unten, befindet sich der Seitenschalter oben auf der rechten Seite. Normalerweise ist der Seitenschalter für das Ein- und Ausschalten der Ausrichtungssperre zuständig.

Schalten Sie die Ausrichtungssperre ein, können Sie Ihr iPad drehen und wenden, wie Sie wollen, ohne dass sich dabei die Ausrichtung der Bildschirmdarstellung ändert. Alternativ können Sie den Seitenschalter aber auch, wie die Abbildung zeigt, mit der Funktion *Ton aus* belegen.

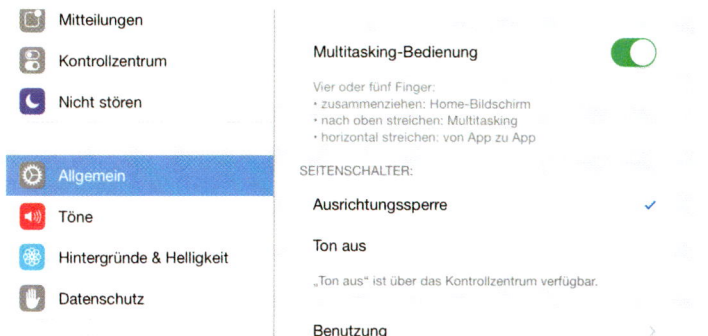

Die Einstellungen für die **Multitasking-Bedienung** *und den* **Seitenschalter** *können Sie im Bereich* **Allgemein** *direkt ändern.*

Automatische Sperre, Code-Sperre, Einschränkungen, Sperren/Entsperren

Die allgemeinen Einstellungen haben einen eigenen Sperrbereich, in dem Sie alles einstellen können, was irgendwie mit dem Sperren Ihres iPads zu tun hat.

Ihr iPad ist so voreingestellt, dass es bereits nach 2 Minuten ohne Eingabe in den Ruhezustand wechselt, um Energie zu sparen. Dieses Intervall können Sie über den Eintrag *Automatische Sperre* auf 5, 10 oder 15 Minuten heraufsetzen oder ganz ausstellen.

Über den Eintrag *Code-Sperre* können Sie diese einrichten, abschalten und die Anforderung des Codes mit einem Zeitintervall versehen. Normalerweise erscheint die Code-Sperre jedes Mal, wenn Ihr iPad aus dem Ruhezustand erwacht: Bevor Sie den Sperrbildschirm zur Seite schieben können, müssen Sie den Code zum Entfernen der Sperre eingeben.

Das ist dann etwas nervig, wenn die automatische Sperre bereits nach einem kurzen Zeitintervall aktiv ist. Setzen Sie das Zeitintervall der Code-Sperre z. B. auf 15 Minuten herauf, ist diese erst nach einer Viertelstunde ohne Eingabe aktiv. Sie verlieren dadurch ein wenig an Zugriffsschutz, bleiben aber während der Nutzung Ihres iPads unbehelligt.

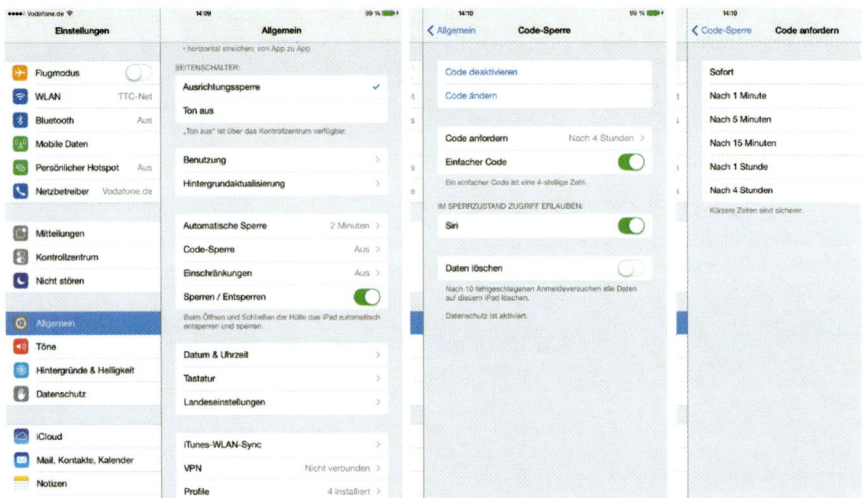

Sie können auch die Codeanforderung der Code-Sperre mit einem Zeitintervall versehen.

Hinter dem Eintrag *Einschränkungen* verbirgt sich ein ganzes Einschränkungssystem, in dem Sie Zugriffs-, Alters- und Änderungsbeschränkungen für bestimmte Apps, die App-Installation, den Zugriff auf den iTunes Store und die Anzeige von Inhalten festlegen können.

Damit nicht jeder Nutzer die Einschränkungen gleich wieder außer Kraft setzen kann, müssen Sie, wenn Sie die Einschränkungen aktivieren, zuallererst einen vierstelligen Einschränkungscode eingeben, mit dem die Einschränkungseinstellungen geschützt werden. Ist das erledigt, können Sie z. B. festlegen, dass Ihr iPad nur Filme anzeigt, die ab 6 Jahre freigegeben sind. Soll ein Film mit einer Altersfreigabe ab 12, 16 oder 18 gezeigt werden, müssen dafür dann ab sofort die Einschränkungen mit dem Einschränkungscode deaktiviert werden.

Der Schalter *Sperren/Entsperren* ist nur dann von Bedeutung, wenn Sie Ihr iPad mit einer Abdeckung oder Hülle ausstatten. Normalerweise erkennt Ihr iPad das Öffnen und Schließen der Hülle und wechselt entsprechend in den Ruhezustand oder wacht aus diesem auf. Wollen Sie das unterbinden, schieben Sie den Schalter *Sperren/Entsperren* in die Position *Aus*.

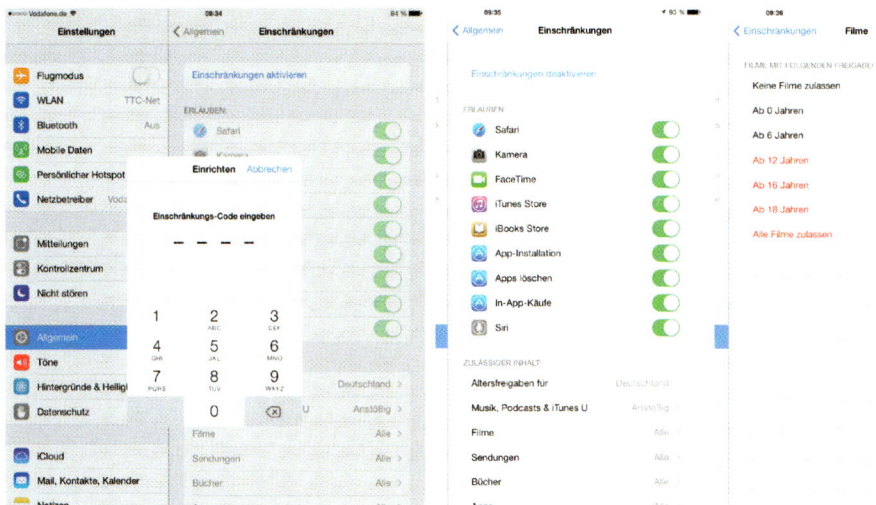

Einschränkungen werden mit einem Einschränkungscode geschützt.

Regionale Einstellungen

Zur Gruppe mit den regionalen Einstellungen gehören die Einträge *Datum & Uhr*, *Tastatur* und *Landeseinstellungen*. Im Bereich *Datum & Uhr* können Sie das Zeitformat von 24 auf 12 Stunden umstellen und bei Bedarf eine andere Zeitzone wählen. Im Bereich *Landeseinstellungen* können Sie eine andere Sprache (von Englisch bis Vietnamesisch), ein anderes Land und einen anderen Kalender (Japanisch oder Buddhistisch) wählen.

Deutlich interessanter ist der Bereich *Tastatur*, in dem Sie Korrekturmechanismen wie Auto-Korrektur und Auto-Großschreibung außer Kraft setzen und eigene Kurzbefehle festlegen. Ein Kurzbefehl ist in diesem Zusammenhang ein Kürzel, das Ihr iPad bei der Eingabe automatisch auflöst: Bereits vorgegeben ist der Kurzbefehl „adw", aus dem automatisch „Auf dem Weg!"

wird, wenn Sie irgendwo „adw" eingeben. Hier haben Sie nun die Möglichkeit, weitere Kurzbefehle einzugeben.

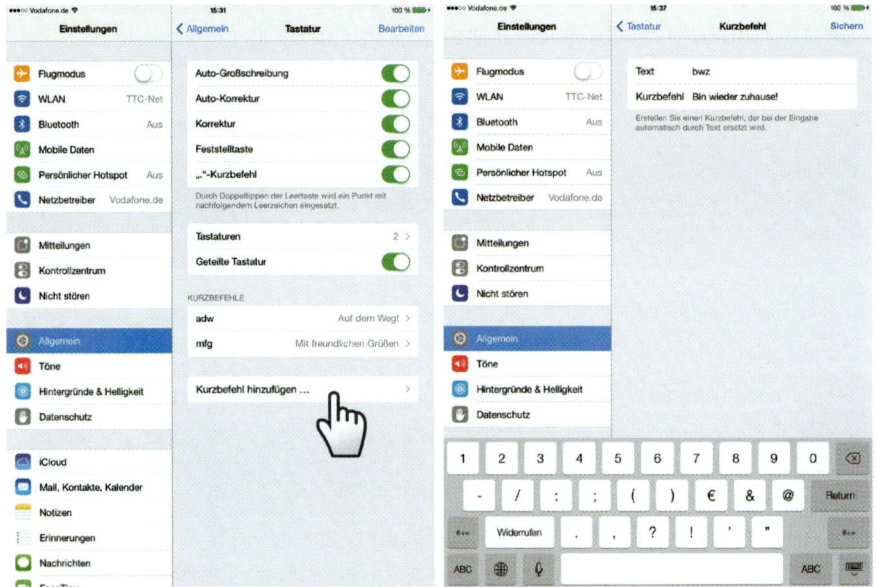

*Im Bereich **Tastatur** legen Sie auch Kurzbefehle fest, die Ihr iPad bei der Eingabe automatisch umwandelt.*

Schreiben Sie ab und zu in einer anderen Sprache, könnte es für Sie wichtig sein, auch eine fremdsprachliche Tastatur zu verwenden. Bei Ihrem iPad ist das überhaupt kein Problem. Im Bereich *Tastatur* können Sie sich sogar gleich mehrere Tastaturen zusammenstellen, die Sie bei Bedarf während der Texteingabe gezielt auswählen können. Möchten Sie dann in einem Text ein russisches oder griechisches Zitat verwenden, wechseln Sie dafür so,lange einfach die Tastatur.

Das Verfahren ist denkbar einfach: Sie tippen im Bereich *Tastatur* auf den Eintrag *Tastaturen*, wählen *Tastatur hinzufügen* und den Spracheintrag (z. B. *Russisch*). Die neue Tastatur erscheint in der Übersicht Ihrer Tastaturen. Auf dem gleichen Weg können Sie auch noch weitere Tastaturen auswählen.

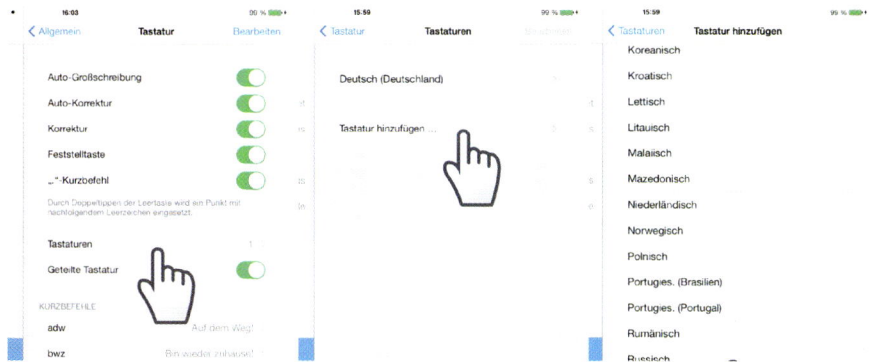

So wählen Sie eine zusätzliche Tastatur aus.

Und auch die Verwendung einer alternativen Tastatur ist äußerst komfortabel gelöst: Sobald Sie eine zusätzliche Tastatur auswählen, wird Ihre virtuelle Standardtastatur mit einer zusätzlichen Taste ausgestattet, die mit einem Globussymbol gekennzeichnet ist. Möchten Sie eine alternative Tastatur benutzen, tippen Sie auf die Globustaste.

Wenn Sie nur eine einzige zusätzliche Tastatur festgelegt haben, schalten Sie durch Antippen der Globustaste zwischen den beiden Tastaturen hin und her. Haben Sie jedoch mehrere zusätzliche Tastaturen ausgewählt, müssen Sie Ihren Finger etwas länger auf der Globustaste ruhen lassen, bis ein Auswahlfeld erscheint, in dem Sie die gewünschte Tastatur wählen.

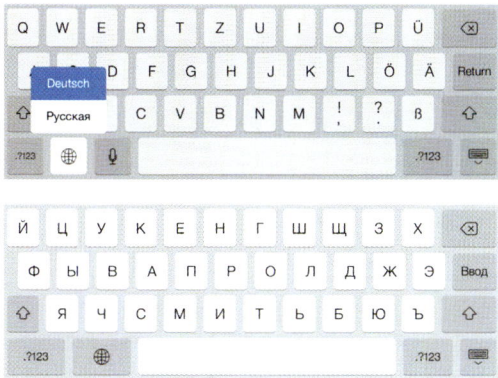

Über die Taste mit dem Globussymbol wechseln Sie Ihre Tastatur während der Texteingabe.

Töne

Im Einstellungsbereich *Töne* geht es ausschließlich um Klingel- und Hinweistöne und nicht um die Töne, die z. B. beim Abspielen von Musik oder Filmen erklingen. Hier legen Sie die Lautstärke der Klingel- und Hinweistöne fest und weisen einem bestimmten Ereignis – etwa dem Eintreffen einer neuen E-Mail oder dem Erscheinen eines Kalenderhinweises – einen Klingel- oder Hinweiston zu. Dies ist aber auch der Ort, an dem Sie die Tastaturanschlagtöne und den Ton, der beim Sperren Ihres iPads zu hören ist, abschalten können.

Lautstärke und Tastaturanschläge

Vielleicht ist Ihnen bereits aufgefallen, dass die Klingel- und Hinweistöne recht laut sind, aber nicht auf den Lautstärkeregler Ihres iPads reagieren.

Diese Voreinstellungen können Sie im Einstellungsbereich *Töne* sehr leicht korrigieren, indem Sie mit dem Schieberegler die gewünschte Lautstärke festlegen. Sehr hilfreich dabei ist, dass Sie beim Einstellen die tatsächliche Lautstärke mit einem Beispielklang vorgeführt bekommen.

Direkt unter dem Schieberegler befindet sich ein Schalter, mit dem Sie die Lautstärkeregelung der Klingel- und Hinweistöne auf den Lautstärkeregler legen können. Sollten Ihnen die Tastaturanschlagtöne auf die Nerven gehen, schalten Sie sie unten im Einstellungsbereich ab.

Lautstärke, Tastaturanschläge und den Ton beim Sperren stellen Sie im Einstellungsbereich **Töne** *ein.*

Klingel- und Hinweistöne zuweisen

Selbstverständlich können Sie sämtliche Klingel- und Hinweistöne gezielt ändern oder abschalten: Sie tippen auf das „Ereignis", dem Sie einen neuen Ton zuweisen möchten, in der Liste *Töne*. Sie bekommen eine lange Liste mit Hinweis- und Klingeltönen angezeigt, die so aussagekräftige Namen haben wie „Hallo", „Bambus" oder „Spieluhr".

Tippen Sie auf einen Eintrag, hören Sie den Ton und können sich dadurch sehr gut orientieren. Hören Sie sich durch die Vielzahl der Klingel- und Hinweistöne, lassen Sie den Ton angewählt, den Sie für geeignet halten, und kehren Sie zum Bereich *Töne* zurück.

Der neue Klingel- oder Hinweiston ist damit festgelegt, und Sie können weitere Töne zuweisen oder die Einstellungen verlassen. Ganz oben in der Klingel- und Hinweistonliste gibt es übrigens den Eintrag *Keine*.

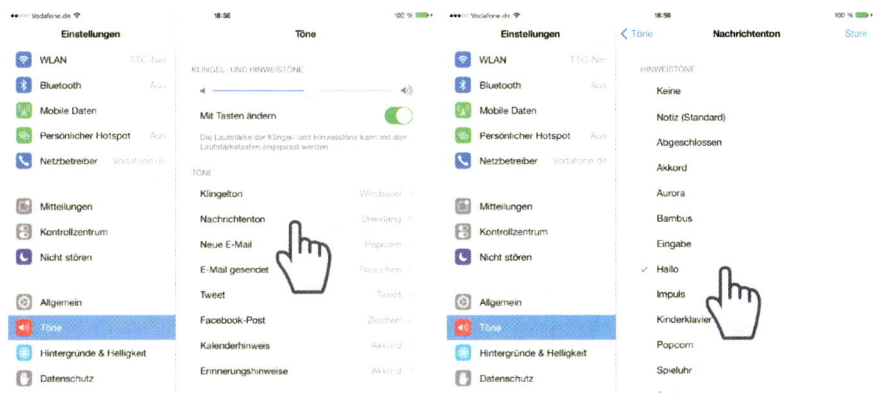

So weisen Sie einen neuen Klingel- oder Hinweiston zu.

Sie können weitere Klingel- und Hinweistöne hinzukaufen

Wenn Ihnen Klingel- und Hinweistöne sehr wichtig sind, können Sie dafür auch Geld ausgeben und außergewöhnliche „Töne" hinzukaufen – etwa den Schrei aus der Duschszene aus dem Hitchcock-Film „Psycho". Sie gelangen direkt zur Tonauswahl im Apple Store, wenn Sie rechts oben über der Tonwahlseite auf den blauen Eintrag *Store* tippen.

Hintergründe & Helligkeit

Die Bezeichnung des Bereichs *Hintergründe & Helligkeit* ist vielleicht nicht ganz eindeutig. *Hintergrund* meint hier das Hintergrundbild, das Ihnen Ihr iPad auf dem Sperrbildschirm und dem Home-Bildschirm anzeigt. Dieses Hintergrundbild können Sie ändern und auch durch ein eigenes Foto ersetzen. Zuvor sehen wir uns jedoch kurz die *Helligkeit* an.

Helligkeit und Auto-Helligkeit

Ihr iPad misst ständig die Helligkeit seiner Umgebung und passt die Helligkeit des Bildschirms automatisch an die Lichtverhältnisse an. Eigentlich funktioniert das sehr gut, es kann aber dennoch durchaus sein, dass Ihnen der Bildschirm grundsätzlich zu hell oder zu dunkel ist.

Rufen Sie den Bereich *Hintergründe & Helligkeit* auf, können Sie dort mit einem Schieberegler die Grundhelligkeit ändern oder die automatische Anpassung der Helligkeit komplett ausschalten.

*Mit dem Schieberegler stellen Sie die Grundhelligkeit ein, mit dem Schalter **Auto-Helligkeit** schalten Sie die automatische Anpassung der Helligkeit aus oder ein.*

Helligkeit über das Kontrollzentrum anpassen

Schalten Sie die *Auto-Helligkeit* ab, müssen Sie die Helligkeit von Hand nachregulieren. Dies können Sie aber recht komfortabel über das Kontrollzentrum erledigen, das Sie vom unteren Bildschirmrand nach oben in den Bildschirm wischen.

Hintergrund wählen

Sie möchten ein neues Hintergrundbild für Ihr iPad? Das erledigen Sie im Bereich *Hintergründe & Helligkeit* mit ein paar Fingertipps. Zuvor sollten Sie sich das aktuelle Hintergrundbild aber vielleicht noch einmal etwas genauer anschauen.

Ist Ihnen aufgefallen, dass sich das Bild minimal bewegt, wenn Sie Ihr iPad bewegen und drehen? Dadurch entsteht ein leicht dreidimensionales Raumgefühl, und die App-Symbole und anderen Bildelemente scheinen ein wenig über dem Hintergrundbild zu schweben. Dieser ausgeklügelte Bildeffekt funktioniert mit jedem Hintergrundbild – auch mit Ihren eigenen Fotos! Es geht sogar noch ein wenig aufwendiger. Zu Ihrem iPad gehören nämlich einige dynamische Hintergründe, die sich noch viel mehr und synchron zu den Lageveränderungen bewegen. Diese Hintergründe sollten Sie unbedingt ausprobieren.

❶ Der Hintergrundwechsel geschieht folgendermaßen: Sie tippen im Bereich *Hintergründe & Helligkeit* auf die Vorschaugrafik und bekommen die Bereichsseite *Auswählen* angezeigt.

❷ Dort gibt es die beiden Bereiche *Apple Hintergrund* und *Fotos*. Im Bereich *Fotos* werden Ihnen Ihre eigenen Fotos angezeigt, die sich auf Ihrem iPad befinden und die Sie über den Umweg einzelner Alben auswählen.

❸ Im Bereich *Apple Hintergrund* haben Sie die Wahl zwischen den beiden Alben *Dynamisch* und *Einzelbilder*. Tippen Sie auf eines der Alben, bekommen Sie die Einzelbilder angezeigt.

❹ Tippen Sie auf ein Einzelbild, haben Sie es als neues Hintergrundbild ausgewählt und bekommen es auf einer kompletten Vorschauseite angezeigt. Dort müssen Sie entscheiden, ob Sie das Bild für den Sperrbildschirm und den Home-Bildschirm (*Beide*) oder nur für einen von beiden verwenden möchten.

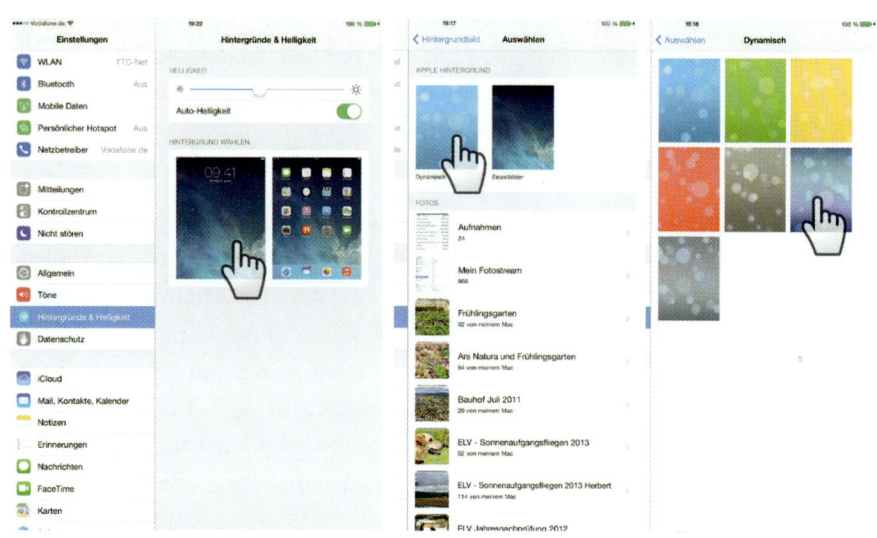

So wählen Sie ein Einzelbild aus.

❺ Entscheiden Sie sich für eine Seite, müssen Sie das Verfahren für die
zweite Seite wiederholen. Das Drücken des Home-Knopfs bringt Sie
dann zum Home-Bildschirm, auf dem schon das neue Hintergrundbild prangt.

Von der Vorschau zum „richtigen" Hintergrundbild.

Haben Sie sich für ein dynamisches Hintergrundbild entschieden, schauen Sie gleich einmal an, wie es sich verhält, wenn Sie Ihr iPad bewegen. Sie werden fasziniert sein.

Datenschutz

Im Bereich *Datenschutz* wird Ihnen angezeigt, welche Apps auf Ihre persönlichen Daten und Einstellungen – wie etwa auf das Kontaktverzeichnis, Ihren Kalender oder Ihr Facebook-Konto – zugreifen oder dies zumindest versuchen. Diese Zugriffe können Sie zulassen oder unterbinden, indem Sie sie ein- oder ausschalten. Das Verfahren ist recht simpel. Sie bekommen hier alle Dienste und Apps aufgelistet, die von Zugriffen oder Zugriffsversuchen betroffen sind. Wählen Sie einen Eintrag an, bekommen Sie die Apps angezeigt, die zugreifen oder zuzugreifen versuchen, und können die Zugriffe mit einem Ein-/Ausschalter zulassen oder unterbinden.

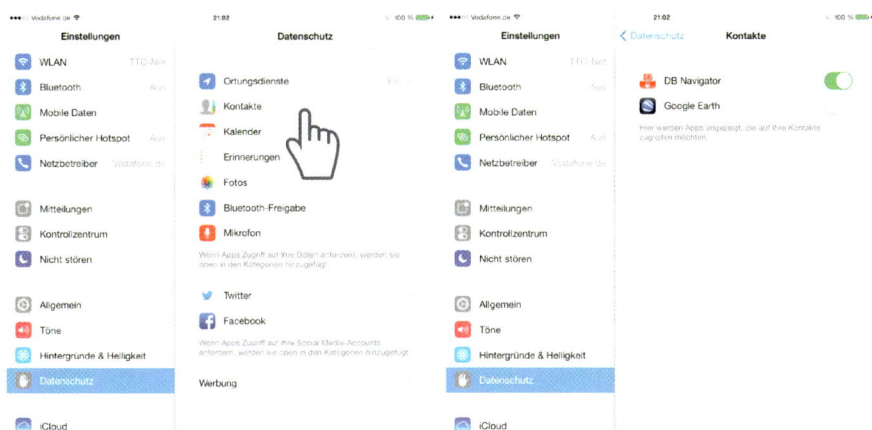

*Im Bereich **Datenschutz** können Sie Zugriffe auf persönliche Daten und Einstellungen gezielt ein- und ausschalten.*

Vertrauen ist gut, Kontrolle ist besser

Normalerweise greifen Apps völlig zu Recht auf Ihre persönlichen Daten und Einstellungen zurück oder verwenden Positionsangaben, um überhaupt funktionieren zu können. Denken Sie nur an Navigations-Apps, die Sie direkt zu Adressen von Freunden führen, die Sie in Ihrem Kontaktverzeichnis gespeichert haben. Normalerweise weisen Apps auch während der Installation darauf hin, dass vorhandene Dienste, Daten oder Einstellungen genutzt werden. Dennoch ist es anzuraten, dass Sie von Zeit zu Zeit in den Datenschutzeinstellungen nachschauen, was dort angegeben ist, um eventuell Apps gezielt abzuschalten.

App-Einstellungen

Alle weiteren Einstellungsmöglichkeiten, die Ihnen in den *Einstellungen* begegnen, beziehen sich auf die Standard-Apps, die auf Ihrem iPad auf jeden Fall vorhanden sind, und die Apps, die Sie selbst hinzugefügt haben. Auch hier lohnt es sich, mal nachzuschauen, was Sie bei den einzelnen Apps alles einstellen können. Die wichtigsten Einstellungen für die Standard-Apps stellen wir Ihnen im folgenden Kapitel vor, in dem es um die App-Grundausstattung Ihres iPads geht.

6 Standard-Apps und was sie leisten

Bei Ihrem iPad sind 20 Standard-Apps mit dabei. Einige davon, wie etwa die Apps *Uhr*, *Kamera* oder *Photo Booth*, können Sie direkt einsetzen, andere, wie die Apps *Kontakte* und *Kalender*, müssen Sie mit Inhalten füllen, wieder andere, beispielsweise *Safari*, *Karten* und *FaceTime*, funktionieren nur, wenn Ihr iPad mit dem Internet verbunden ist. In diesem Kapitel erfahren Sie, was Sie alles mit den Standard-Apps erledigen können und wie Sie bei einigen Standard-Apps wichtige Grundeinstellungen vornehmen.

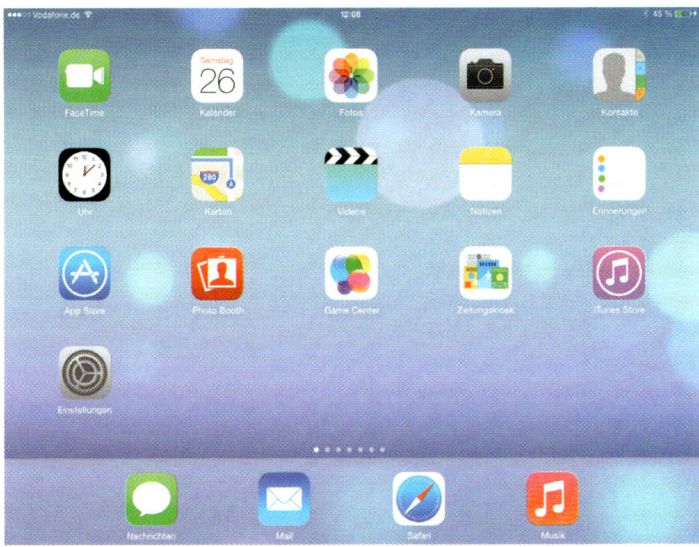

Die Standard-Apps werden Ihnen auf der ersten Seite des Home-Bildschirms Ihres iPads angezeigt.

Bei den meisten Standard-Apps sind Symbol und Bezeichnung immerhin so gewählt, dass Sie bereits einen recht genauen Hinweis darauf bekommen, was Sie damit erledigen können. Oft greifen diese Hinweise aber ein wenig kurz. So ist etwa die App *Uhr* keine einfache Uhr, sondern Weltzeituhr, Wecker, Stoppuhr und Kurzzeitmesser (Timer), und die App *Karten* ist nicht nur ein aktueller Weltatlas, sondern ein komplettes Navigationssystem, das

Sie sprachgesteuert von Ihrem Ausgangsort zu einem beliebigen Zielort leitet.

Was Ihnen die Standard-Apps zu bieten haben, stellen wir Ihnen in den folgenden Abschnitten daher erst einmal etwas genauer vor.

6.1 FaceTime

 Mit *FaceTime* können Sie Videotelefonate mit anderen Face-Time-Nutzern führen. Die Bild- und Tonqualität ist sehr gut, und die Telefonate selbst sind völlig kostenlos. Die einzigen Kosten, die unter Umständen bei FaceTime-Telefonaten entstehen können, betreffen die Internetverbindung. Da die Telefonate über das Internet geführt werden, können bei Ihnen und beim Empfänger zusätzliche Nutzungsgebühren anfallen, falls keine monatliche Pauschalgebühr für Internetverbindungen (Internet- oder Datenflatrate) gezahlt wird. Ist das jedoch der Fall, kosten dank der Flatrate auch stundenlange Videotelefonate keinen einzigen zusätzlichen Cent.

Probieren Sie FaceTime bei Gelegenheit unbedingt aus! Videotelefonate haben ihren ganz eigenen Reiz, der sich schon nach ein paar Gesprächsminuten entfaltet.

So nutzen Sie FaceTime

Videotelefonieren mit FaceTime ist äußerst einfach. Sie rufen die *FaceTime*-App auf, bekommen das Bild, das die Frontkamera Ihres iPads aufnimmt, auf dem Bildschirm angezeigt, und wählen im Kontaktverzeichnis, das Ihnen FaceTime gleich auch noch anzeigt, den gewünschten Teilnehmer. Das war's von Ihrer Seite auch schon.

Auf dem Bildschirm Ihres FaceTime-Partners erscheint eine Einladung, die dieser aktiv annehmen muss. Ist das geschehen, erscheint dessen Videobild auf Ihrem Bildschirm, und Sie können sich unterhalten. Zur Kontrolle wird Ihnen das Bild, das Ihr FaceTime-Partner angezeigt bekommt, oben rechts klein eingeblendet.

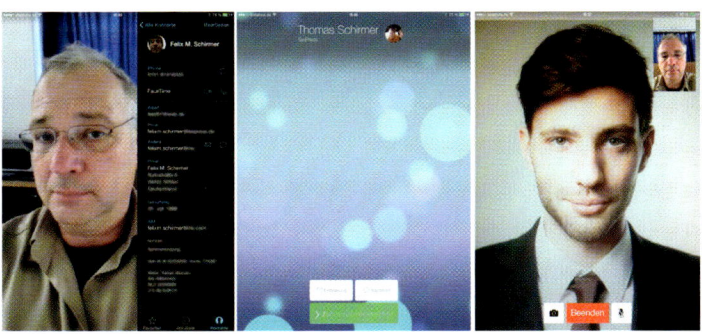

*Mit **FaceTime** führen Sie mit Ihrem iPad äußerst einfach Videotelefonate in sehr guter Bild- und Tonqualität.*

FaceTime nutzt Ihre Kontakte-App

Das Kontaktverzeichnis, aus dem Sie Ihren FaceTime-Partner wählen, gehört streng genommen gar nicht zu FaceTime. Es handelt sich dabei um das Kontaktverzeichnis der *Kontakte*-App, das Ihnen hier nur etwas anders dargestellt wird. Ist der gewünschte FaceTime-Partner noch nicht im Kontaktverzeichnis vorhanden, können Sie ihn direkt in FaceTime oder in der *Kontakte*-App hinzufügen.

Während eines Videotelefonats können Sie Ihr iPad vom Hoch- ins Querformat und wieder zurück drehen und mit einem Tipp auf das Kamerasymbol im unteren Bedienfeld von der Front- auf die Rückseitenkamera Ihres iPads umschalten, um Ihrem FaceTime-Partner Ihre Umgebung, bestimmte Gegenstände oder Dokumente zu zeigen. Über das Bedienfeld lässt sich auch das Mikrofon vorübergehend abschalten. Wollen Sie ein Videotelefonat beenden, tippen Sie auf den Eintrag *Beenden*. Einfacher geht es kaum.

FaceTime ist ein reines Dialogsystem: Videotelefonate sind immer nur mit einem einzigen anderen Gerät eines FaceTime-Teilnehmers möglich. Videokonferenzen mit mehreren Teilnehmern können Sie mit FaceTime nicht abhalten. Auch das gleichzeitige gemeinsame Bearbeiten von Dokumentdateien lässt sich mit FaceTime nicht realisieren. FaceTime ist für das Videotelefonieren im Dialogverfahren konzipiert und erledigt diese Aufgabe ganz hervorragend.

FaceTime gibt es nur in der Apple-Welt

Allerdings hat FaceTime eine wichtige Einschränkung: Es kann nur auf Apple-Geräten eingesetzt werden! Sie können damit lediglich Teilnehmer erreichen, die mit einem iMac, Mac mini, MacBook, iPhone oder iPad arbeiten.

Die Verbindung wird normalerweise über die Apple-ID der anderen Face-Time-Teilnehmer hergestellt, kann aber auch über alternative E-Mail-Adressen oder sogar eine Mobiltelefonnummer erfolgen.

Unter welcher Adresse oder welchen Adressen Sie per FaceTime zu erreichen sind, legen Sie über die *Einstellungen* Ihres iPads fest (*Einstellungen/Face-Time*).

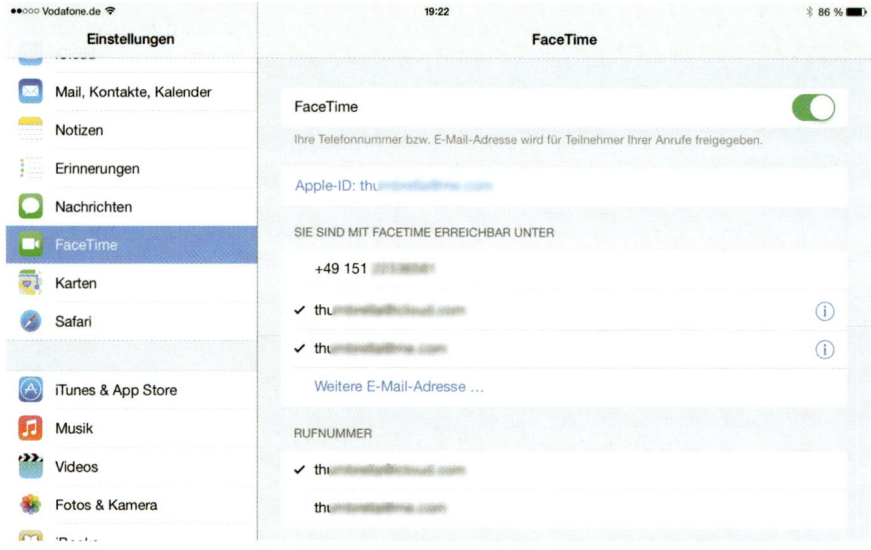

*Haben Sie neben Ihrer Apple-ID noch weitere E-Mail-Adressen eingerichtet, können Sie in den **Einstellungen** festlegen, welche davon für FaceTime-Videotelefonate verwendet werden können.*

Alternative: Skype

Wenn Ihnen die Möglichkeiten von FaceTime zu eingeschränkt sind und Sie Gefallen an der Videotelefonie gefunden haben, gibt es eine sehr empfehlenswerte Alternative – *Skype*. Mit Skype erreichen Sie jeden, dessen Computer, Smartphone oder Tablet mit einer Videokamera ausgestattet ist. Mit Skype sind aber auch Telefonate mit Festnetz- und Mobilfunkteilnehmern möglich. Gebühren fallen dabei lediglich bei Auslandsgesprächen an. Die notwendige *Skype*-App ist kostenlos im App Store von Apple erhältlich.

6.2 Kalender

 Hinter der lapidaren Bezeichnung *Kalender* verbirgt sich ein umfassendes und äußerst leistungsstarkes Terminplanungssystem mit Tages-, Wochen-, Monats- und Jahresübersichten.

Kalendersymbol zeigt das aktuelle Datum

Falls es Ihnen noch nicht aufgefallen ist: Das Symbol der *Kalender*-App zeigt Ihnen im Home-Bildschirm immer das aktuelle Datum und den aktuellen Wochentag.

Der Kalender erinnert Sie auf Wunsch mit einem Hinweis mehrmals an einen Termin oder schickt Ihnen zu diesem Zweck auch eine E-Mail-Nachricht. Wenn Sie es wünschen, lädt er die Teilnehmer eines Termins, den Sie geplant haben, per E-Mail ein und registriert automatisch deren Zu- und Absagen.

Und natürlich können Sie nicht nur einen, sondern beliebig viele Kalender führen – etwa einen für die Familie, einen für Ihre beruflichen Verpflichtungen, einen für Ihre Urlaubsplanung, einen für Ihre diversen Vereinstätigkeiten und einen für Ihren Hund. Damit Sie bei Ihren diversen Kalendern die Übersicht behalten, haben die Einträge jedes einzelnen Kalenders unterschiedliche Farben.

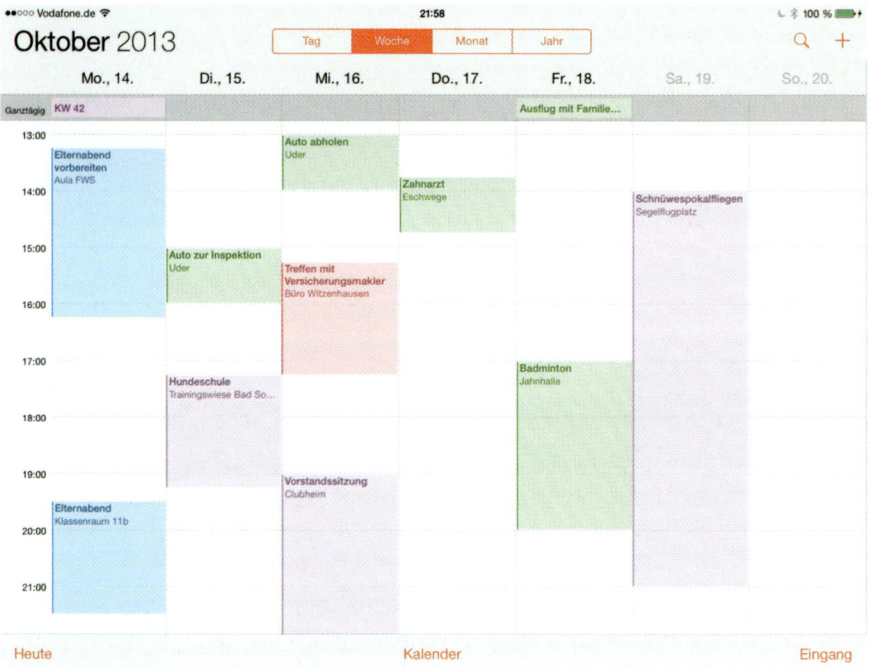

Erfassen Sie Ihre Termine in mehreren Kalendern, haben die Termine aus den einzelnen Kalendern jeweils eine eigene Farbe.

Äußerst praktisch ist auch, dass sich Ihr iPad-Kalender mit allen anderen Computern, iPads und iPhones synchronisiert, auf denen Sie mit Ihrer Apple-ID angemeldet sind. Falls Sie neben Ihrem iPad auch noch einen Computer oder ein iPhone haben, ist es völlig egal, auf welchem Gerät Sie einen Termin eintragen.

Dank der ständigen Datensynchronisation sind Ihre Terminkalender auf allen Geräten in Sekundenschnelle immer auf dem gleichen Stand. Die Voraussetzung dafür ist allerdings, dass die Geräte mit dem Internet verbunden sind, da die Synchronisierung der Termindaten über den Internetdienst iCloud von Apple erfolgt.

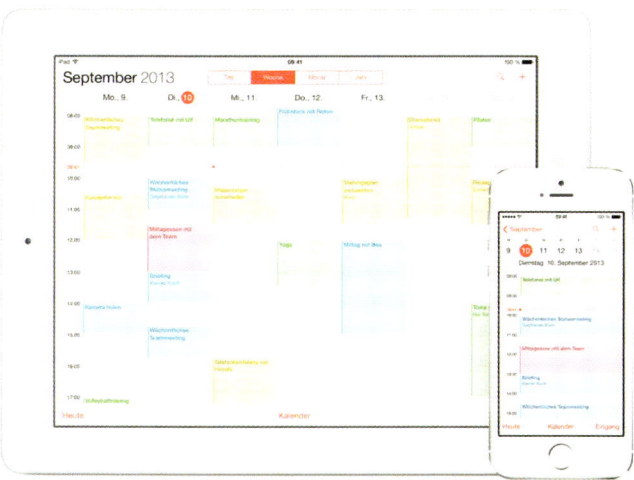

Ihre Kalendereinträge werden über den Internetdienst iCloud auf allen Geräten, bei denen Sie mit Ihrer Apple-ID angemeldet sind, automatisch synchronisiert.

So nutzen Sie den Kalender

Klingt alles recht kompliziert? Ist es aber nicht! Bei aller Funktionsvielfalt lässt sich der Kalender sehr leicht und völlig intuitiv bedienen. Durch Wischen bewegen Sie die Jahres-, Monats-, Wochen- oder Tagesansichten vor oder zurück. Alle rot gekennzeichneten Einträge können Sie antippen und so z. B. zwischen Kalenderansichten (*Tag, Woche, Monat, Jahr*) und Kalendern (*Kalender*) wechseln.

❶ Einen neuen Eintrag fügen Sie hinzu, indem Sie entweder auf das rote Pluszeichen (+) tippen oder Ihren Finger ein wenig länger auf der Stelle Ihres Terminkalenders ruhen lassen, an der der Termineintrag erscheinen soll. In beiden Fällen erscheint ein Eingabefenster, in dem Sie sämtliche Details des Termins eintragen und auswählen können.

❷ Rufen Sie das Eingabefenster direkt über den Terminkalender auf, hat das den Vorteil, dass Datum und Anfangsuhrzeit bereits eingetragen sind. Weiter unten im Eingabefenster können Sie dann den Kalender auswählen, dem Sie den Termin zuordnen möchten, angeben, wer am Termin teilnehmen soll, und festlegen, wie und wie oft Sie an den Termin erinnert werden möchten.

❸ Tippen Sie auf *Fertig*, wird der Eintrag in den Terminkalender übernommen. Tippen Sie ihn dort an, bekommen Sie die Termindetails angezeigt und können ihn bei Bedarf bearbeiten.

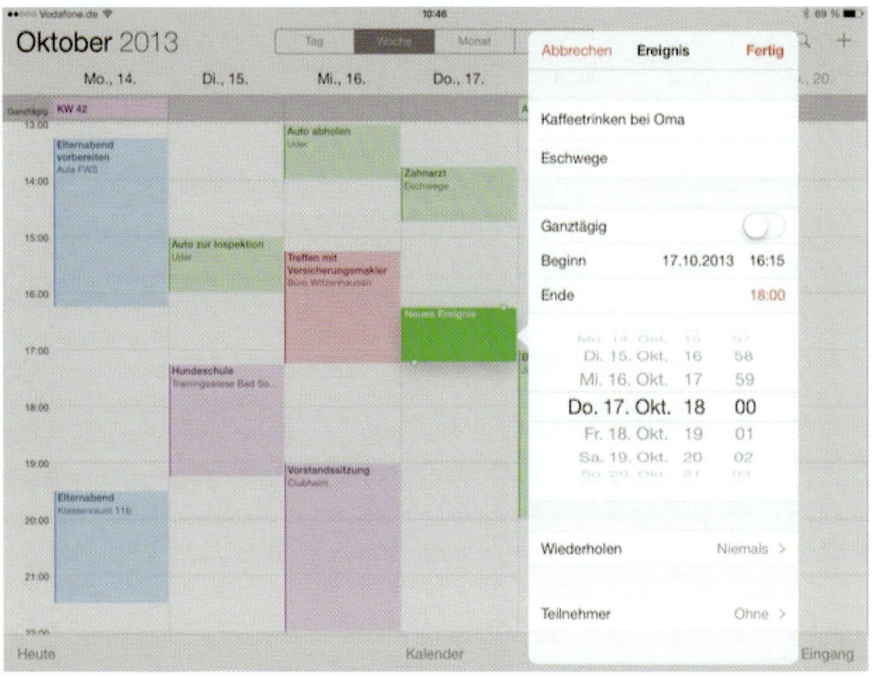

So fügen Sie Ihrem Terminkalender einen neuen Eintrag hinzu.

❹ Ihre Kalender und die Farben, mit denen deren Termineinträge gekennzeichnet werden, legen Sie – wie wahrscheinlich schon vermutet – über den Eintrag *Kalender* fest. Tippen Sie auf *Kalender* und wählen *Bearbeiten*, erscheint im Eingabefenster der Eintrag *Hinzufügen*, über den Sie dann einen neuen Kalendernamen eintragen und eine Farbe wählen.

❺ Ist das erledigt, tippen Sie auf *Fertig*, und Ihr neuer Kalender erscheint in der Kalenderliste.

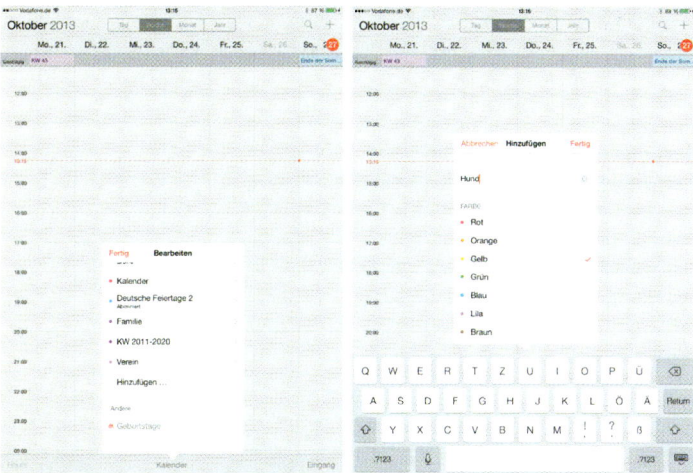

So fügen Sie einen neuen Kalender hinzu, den Sie bei neuen Termineinträgen auswählen können.

Termininformationen übernehmen

Wechseln Sie von einem anderen Smartphone oder Tablet auf das iPad, können Sie Termineinträge, die Sie dort bereits eingegeben haben, in den allermeisten Fällen auf Ihr iPad übertragen. Auch wenn Sie Termine auf einem Computer eingetragen haben, können Sie diese normalerweise von dort übernehmen. Wie das alles im Einzelnen funktioniert, erfahren Sie in Kapitel 7.

6.3 Fotos

Auch die Bezeichnung *Fotos* ist vielleicht etwas irreführend, da sich dahinter nicht etwa ein einfaches Fotoalbum, sondern eine zentrale Sammel- und Bearbeitungsstelle für alle Fotos und Videos verbirgt. *Fotos* ist nicht nur ein Archiv- und Bearbeitungssystem für die Fotos und Videos, die Sie mit Ihrem iPad aufnehmen, dort landen auch alle Fotos und Videos, die Sie als Anhänge zu E-Mails und Textnachrichten zugestellt bekommen oder die andere iCloud-Nutzer mit Ihnen teilen. Gleichzeitig gibt Ihnen *Fotos* die Möglichkeit, Ihre Fotos und Videos mit anderen zu teilen.

So nutzen Sie Fotos

Besonders beeindruckend ist das ausgeklügelte Archivsystem, das Ihnen auch dann einen hervorragenden Überblick gibt, wenn Sie mehrere Hundert Fotos auf Ihrem iPad gespeichert haben. Die App *Fotos* arbeitet nämlich mit *Momenten* und sortiert Ihre Fotos und Videos nach Aufnahmedatum und Ort. Sie zeigt Ihnen Jahresübersichten und Sammlungen mit Miniaturansichten, über die Sie ganz schnell ein bestimmtes Foto oder Fotoalbum finden.

❶ Streichen Sie z. B. in der Jahresübersicht mit dem Finger über die Fotominiaturen, bekommen Sie eine vergrößerte Darstellung des Fotos angezeigt, über dem sich Ihr Finger gerade befindet.

❷ Heben Sie den Finger an, erscheint das Foto als Vollbild.

❸ Von dort aus gelangen Sie dann mit einem Fingertipp zu den *Momenten* und können sich alle Fotos anschauen, die Sie an diesem Tag aufgenommen haben, und im Vollbild von einem Foto zum nächsten wischen.

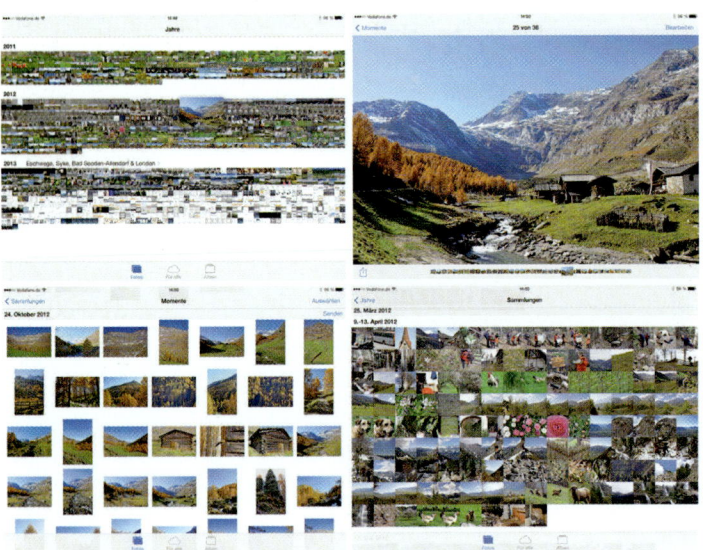

Fotos *präsentiert Ihnen Ihre Fotos und Videos so übersichtlich, dass Sie auch bei einem umfangreichen Bestand den Überblick behalten.*

❹ *Fotos* bietet Ihnen einige rudimentäre Bearbeitungsfunktionen, die Sie über den Eintrag *Bearbeiten* nutzen können, wenn Sie sich ein Foto im Vollformat anzeigen lassen. Mit diesen Funktionen können Sie das Foto beschneiden und begradigen, automatisch verbessern, rote Augen korrigieren und einige Farb- und Effektfilter einsetzen.

❺ Ebenfalls aus der Vollbildansicht heraus können Sie die Teilen-Funktion aktivieren, indem Sie dort in der linken unteren Ecke auf das Teilen-Symbol tippen. Auf der *Teilen*-Seite können Sie auch gleich mehrere Fotos auswählen, die Sie dann per E-Mail als Nachrichtenanhang an andere weiterleiten oder über iCloud, Twitter, Facebook oder Flickr anderen Nutzern dieser Dienste zur Verfügung stellen.

❻ Hier finden Sie außerdem auch noch Funktionen zum Zusammenstellen einer Diashow, zum Drucken mit einem geeigneten WLAN-Drucker und zur Übernahme eines Fotos als Hintergrundbild.

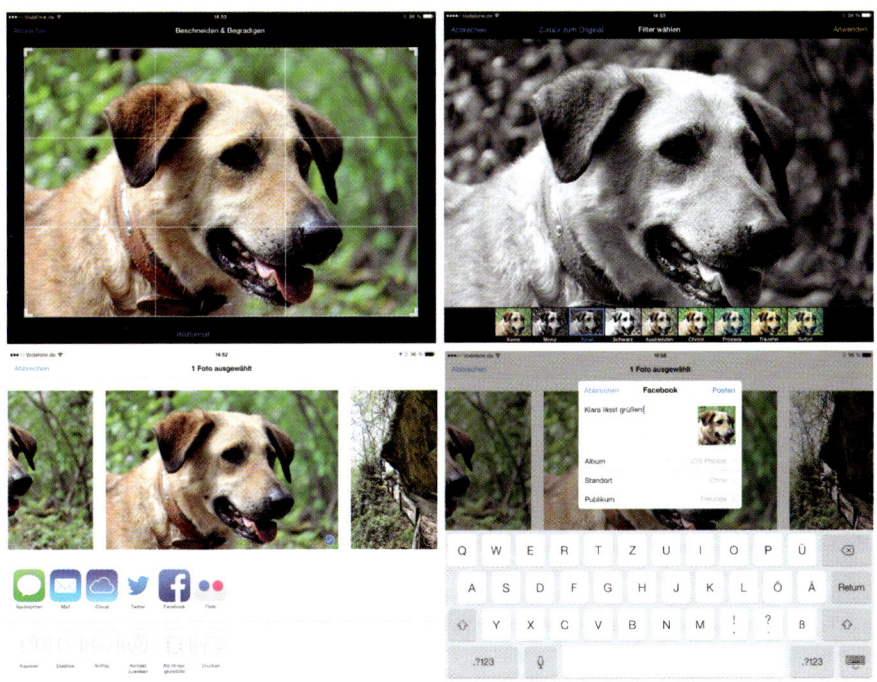

*Mit **Fotos** können Sie auch Fotos bearbeiten und anderen zur Verfügung stellen.*

Fotos und Videos aufnehmen und übernehmen

Das Verwalten und Zeigen von Fotos und Videos auf Ihrem iPad ist dank *Fotos* wirklich ein Vergnügen, sodass Sie möglichst schnell viele Fotos und Videos damit aufnehmen sollten. Sie sind allerdings nicht allein auf die Foto- und Videofähigkeiten Ihres iPads angewiesen. Mit einem USB-Adapter können Sie jede Digitalkamera an Ihr iPad anschließen und das Bildmaterial von dort direkt übernehmen. Verwalten Sie Ihre Fotos bereits mit einem Computer, können Sie Fotos und Videos auch von diesem gezielt auf Ihr iPad übertragen. Wie das funktioniert, erfahren Sie in Kapitel 6.

6.4 Kamera

Hier ist alles eindeutig: Tippen Sie auf das App-Symbol *Kamera*, das Sie übrigens auch im Kontrollzentrum finden, aktivieren Sie die iPad-interne Kamerafunktion, mit der Sie Fotos und Videos im Hoch- und Querformat aufnehmen können. Der Bildschirm Ihres iPads zeigt Ihnen dann im Vollformat das Bild, das die Kamera gerade anvisiert.

Am rechten Bildschirmrand erscheint eine Navigationsleiste mit einigen wenigen Auswahlmöglichkeiten für den Foto- oder Videomodus, der HDR-Funktion, der Auswahl des Bildformats (quadratisch oder rechteckig), dem Zugang zum Aufnahmealbum und natürlich dem Auslöser.

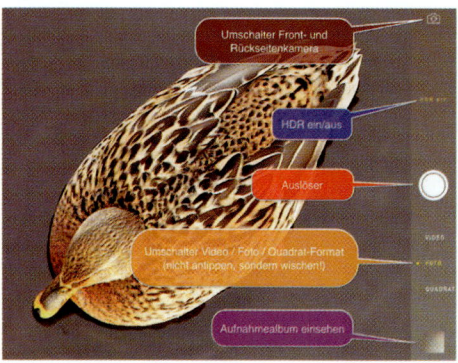

Die Auswahl- und Einstellungsmöglichkeiten der Kameraleiste im Überblick.

So fotografieren Sie mit der Kamera

Das Aufnehmen von Fotos und Videos mit Ihrem iPad ist ganz einfach. Am Anfang müssen Sie erst ein wenig Routine bekommen und sich an die Position des Kameraobjektivs und die Ausrichtung des iPads gewöhnen. Normalerweise ist die Rückseitenkamera aktiv, die wegen ihrer höheren Auflösung deutlich hochwertigere Fotos und Videos macht als die Frontkamera. Mit dem Umschalter in der Navigationsleiste können Sie aber jederzeit die Kamera wechseln.

Auch wenn es dafür keine Regler gibt, können Sie den Bildausschnitt vergrößern und wieder verkleinern: Das Hinein- und Hinauszoomen erledigen Sie mit zwei Fingern, am besten mit Daumen und Zeigefinger.

Entscheiden Sie sich bei Fotos für die Option *HDR ein*, steigert das die Wiedergabequalität Ihrer Fotos. Im HDR-Modus (steht für „High Dynamic Range", also etwa „hoher Dynamikbereich") nimmt Ihr iPad nämlich immer gleich drei Bilder auf: eins mit normaler Belichtung, eins mit Unter- und eins mit Überbelichtung.

Diese drei Bilder werden automatisch wieder zu einem einzigen Bild zusammengefügt, das dadurch an Qualität gewinnt, dass schattige Bereiche ein wenig aufgehellt und helle Bereiche ein wenig abgedunkelt werden. Die Bildwirkung wird jedenfalls durch das HDR-Verfahren deutlich verbessert. Machen Sie doch einfach ein paar Probeaufnahmen!

Ihre Foto- und Videoaufnahmen landen automatisch im Aufnahmealbum, in das Sie direkt wechseln können, indem Sie auf das Albumfeld in der Navigationsleiste tippen. Dort können Sie sich Ihre Fotos und Videos in einer Übersicht oder als Vollbilder anschauen, rudimentär bearbeiten und löschen.

Das Aufnahmealbum ist Teil von *Fotos*

Da das Aufnahmealbum Teil von *Fotos* ist, sind Ihre Fotos und Videos auch darüber jederzeit zugänglich. Sie finden alle Fotos und Videos, die Sie mit Ihrem iPad aufgenommen haben, dort im Album *Aufnahmen*.

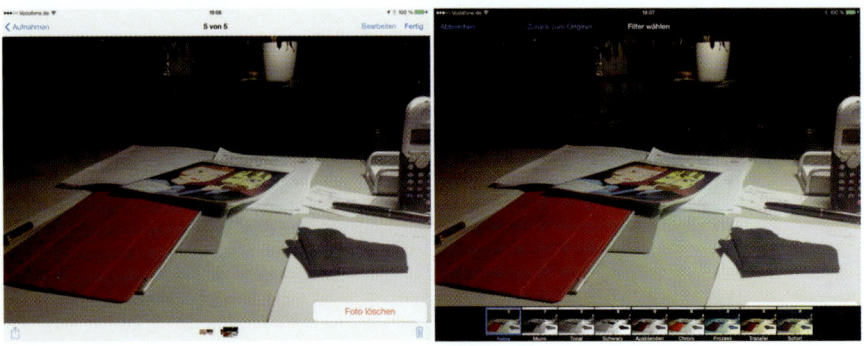

In der Vollbildansicht lassen sich Fotos bearbeiten und über das Papierkorbsymbol löschen.

6.5 Kontakte

Der Begriff „Adressbuch" ist für die *Kontakte*-App vielleicht etwas untertrieben, trifft aber deren Funktion sehr genau. Hier verzeichnen Sie die Kontaktinformationen, die Sie zu einer Person oder einer Firma benötigen. Das können die klassischen Informationen Vorname, Name, Straße, Postleitzahl, Stadt, Telefonnummer, Mobiltelefon und E-Mail sein. Sie können hier aber auch Internetadressen, Facebook-Namen und alle möglichen anderen Informationen zu einem „Kontakt" hinterlegen, die Ihnen wichtig erscheinen. Die Eingabemaske, die Ihnen Ihr iPad zu diesem Zweck zur Verfügung stellt, ist, wie Sie gleich sehen werden, nämlich äußerst flexibel.

Stehen Sie am Anfang Ihrer „iPad-Karriere", sollten Sie sich am besten gleich ein wenig Zeit nehmen, um die *Kontakte*-App mit Inhalt zu füllen: Schnappen Sie sich Ihr Adressbuch und übertragen Sie alle wichtigen Informationen. So machen Sie sich mit Ihrem iPad vertraut, lernen verschiedene Bedienkonventionen kennen und haben bereits nach kurzer Zeit Ihr iPad „personalisiert". Dann müssen Sie sich nur noch zur Regel machen, neue Kontaktinformationen gleich auf Ihrem iPad einzutragen und Änderungen zeitnah vorzunehmen, damit dieses immer auf dem aktuellen Stand ist.

> **Kontakteinträge werden auch von anderen Apps verwendet**
>
> Die Pflege der Kontakteinträge ist auch deshalb so wichtig, weil viele andere Apps wie etwa *Kalender*, *Mail* oder *FaceTime* darauf zugreifen. Haben Sie E-Mail-Adressen, Telefonnummern und andere Kontaktinformationen einmal zentral erfasst, können Sie sie an vielen anderen Stellen bequem auswählen, ohne sie immer wieder erneut eingeben zu müssen.

So geben Sie Kontaktinformationen ein

Die Eingabe der Kontaktinformationen ist viel einfacher erledigt als beschrieben.

❶ Um einen neuen Kontakt anzulegen, tippen Sie auf das Pluszeichen (+), das sich rechts neben dem Eintrag *Kontakte* befindet.

❷ Im Inhaltsbereich erscheint eine lange Eingabemaske mit diversen Feldern, in die Sie nun alle relevanten Kontaktinformationen von *Vorname* und *Nachname* bis hin zu *Soziales Profil* und *IM-Adresse* eintragen.

❸ Haben Sie Vornamen, Nachnamen und vielleicht den Firmennamen eingegeben, tippen Sie auf die Einträge der anderen Bereiche, die mit einem grün unterlegten Pluszeichen gekennzeichnet sind, und tragen dort Telefonnummern, E-Mail-Adressen, Anschrift und Profilnamen für soziale Netzwerke ein.

❹ Sobald Sie einen Bereich geöffnet haben, tippen Sie auf den Feldnamen, der Ihnen angeboten wird, und haben dann die Auswahl zwischen vielen unterschiedlichen „Etiketten".

❺ Im Fall der Telefonnummer gehören dazu z. B. die Einträge *Privat*, *Arbeit*, *iPhone*, *Mobil* und *Pager*. Ist kein passendes Etikett dabei, tippen Sie in der Auswahlliste auf den Eintrag *Eigenes Etikett hinzufügen* und geben die gewünschte Bezeichnung ein.

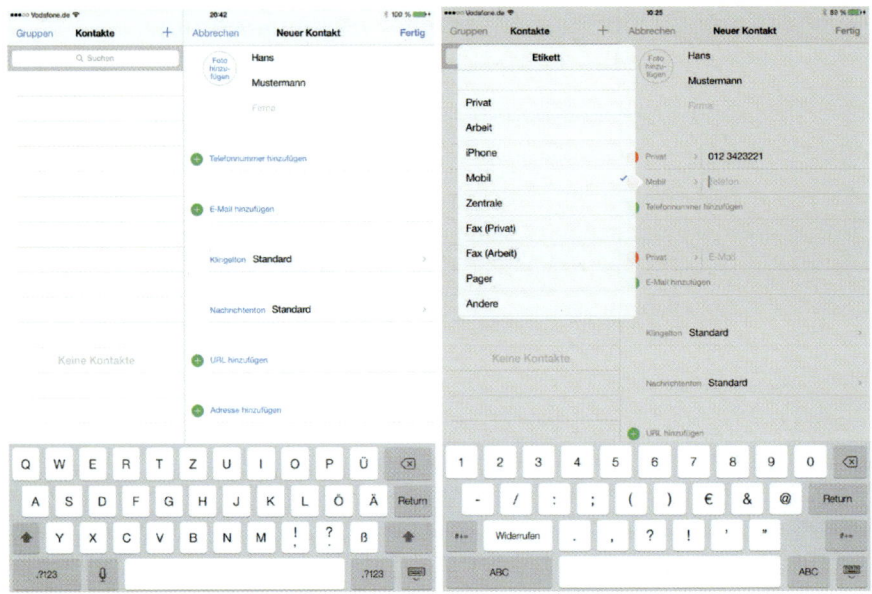

Füllen Sie die Felder aus, die für den Kontakteintrag von Belang sind, und wählen Sie die passenden Etiketten.

❻ Haben Sie alle relevanten Kontaktinformationen eingetragen, tippen Sie rechts oben auf den Eintrag *Fertig*, und Ihr Eintrag wird in das Kontaktverzeichnis übernommen. Ihnen werden dort nur die Felder angezeigt, die Sie tatsächlich ausgefüllt haben. Einen fertigen Kontakteintrag können Sie jederzeit ändern und ergänzen.

❼ Tippen Sie oben rechts auf den Eintrag *Bearbeiten*, bekommen Sie wieder die Eingabemaske angezeigt und können den Eintrag ändern und z. B. um ein Foto ergänzen. Den Eintrag zum Löschen des Kontakts finden Sie übrigens ganz unten in der Eingabemaske.

❽ Ist Ihr Kontaktverzeichnis gefüllt, können Sie durch Wischen und Antippen in den Kontakteinträgen blättern oder in das Suchfeld die ersten Buchstaben des gewünschten Kontakts eintragen. Je mehr Buchstaben Sie eintragen, desto geringer wird die Auswahl der Kontakteinträge, sodass Sie bereits auf den gewünschten Kontakt tippen können, bevor Sie den Namen fertig eingegeben haben.

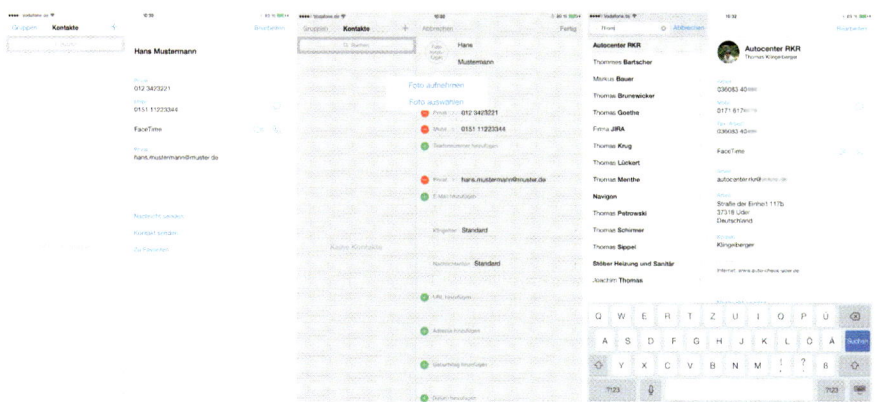

Ihre Kontakteinträge können Sie nachträglich jederzeit bearbeiten.

Kontaktinformationen von anderem Gerät übernehmen

Wechseln Sie von einem anderen Smartphone oder Tablet auf das iPad, können Sie Kontaktinformationen, die Sie dort bereits eingegeben haben, in den allermeisten Fällen auf Ihr iPad übertragen. Auch wenn Sie Kontaktinformationen auf einem Computer eingegeben haben, können Sie diese normalerweise von dort übernehmen. Wie dies alles im Einzelnen funktioniert, erfahren Sie in Kapitel 7.

6.6 Uhr

Die Uhr Ihres iPads ist, wie eingangs erwähnt, gleich eine ganze Uhrensammlung: Tippen Sie im Home-Bildschirm oder im Kontrollzentrum auf das Uhrensymbol, haben Sie Wahl zwischen einer Weltzeituhr (*Weltuhr*), einem Wecker, einer Stoppuhr und einem Kurzzeitmesser (*Timer*). Welche der vier Uhren Ihnen angezeigt wird, wählen Sie mit einem Fingertipp auf einen der Einträge *Weltuhr*, *Wecker*, *Stoppuhr* und *Timer* aus, die Ihnen am unteren Bildschirmrand angezeigt werden.

 ## Uhrsymbol zeigt die Uhrzeit an

Das haben Sie bestimmt schon bemerkt: Das App-Symbol der Uhr präsentiert Ihnen auf dem Home-Bildschirm immer die aktuelle Uhrzeit.

Festgelegte Weltzeiten auf einen Blick

Die Weltuhr zeigt Ihnen mit analogen Uhren und auf einer Weltkarte mit dazugehöriger Kurzangabe zum aktuellen Wetter bereits die Ortszeiten von Cupertino (dort ist die Apple-Zentrale), New York, Paris, Peking und Tokio an. Tippen Sie auf das rote Pluszeichen, erscheint eine Ortsliste, und Sie können einen weiteren Ort hinzufügen, der Ihnen dann auch in der Weltkarte angezeigt wird. Reicht eine Bildschirmseite nicht aus, um alle Weltuhren anzuzeigen, wird automatisch eine weitere Seite hinzugefügt.

❶ Tippen Sie auf eine der analogen Weltuhren, erscheint diese im Vollformat auf dem Bildschirm Ihres iPads. Durch Wischen können Sie im Vollformat von einer Weltuhr zur anderen wechseln. Ein Fingertipp auf den Eintrag *Weltuhr* bringt Sie zur Übersicht zurück.

❷ Möchten Sie Uhren entfernen, tippen Sie links oben auf den rot gekennzeichneten Eintrag *Bearbeiten* und bekommen eine Uhrenliste angezeigt, aus der Sie einen oder auch gleich mehrere Einträge entfernen können.

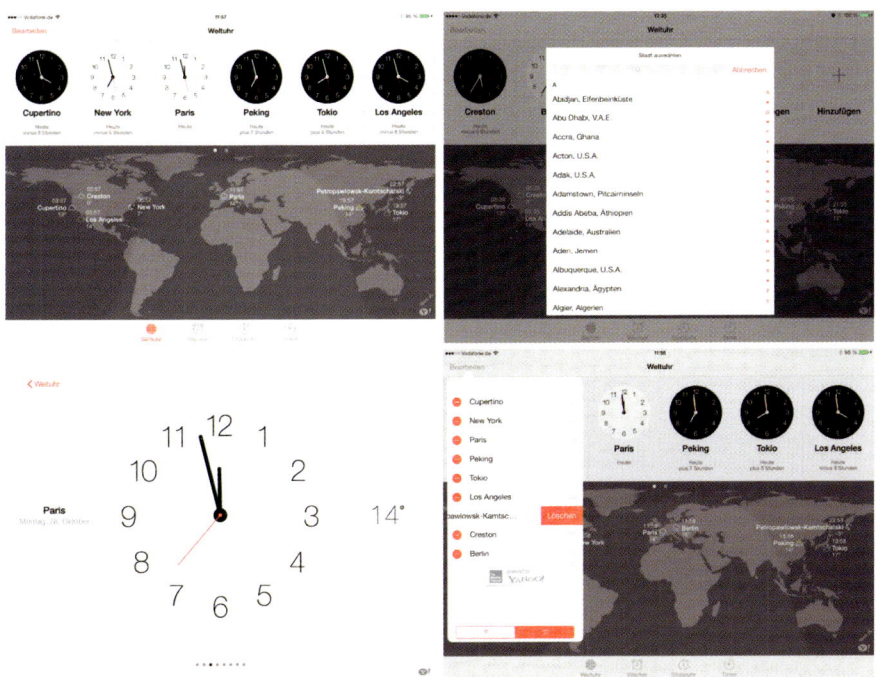

Sie können weitere Orte über eine Auswahlliste hinzufügen, einzelne Ortszeiten im Vollbild anzeigen und Orte gezielt löschen.

So nutzen Sie die Uhr als Wecker

Ihr iPad ist auch ein äußerst komfortabler Wecker. Rufen Sie in der *Uhr*-App den Wecker auf, können Sie die Weckzeiten für die ganze Woche planen. Sie tippen rechts oben auf das rote Pluszeichen und bekommen ein Eingabefenster angezeigt, in dem Sie die gewünschte Weckzeit auswählen, festlegen, ob die Weckzeit nur für heute, den nächsten Tag, die ganze Woche oder einen bestimmten Wochentag gelten soll, und über den Eintrag *Ton* einen Weckton oder ein Musikstück auswählen, mit dem Sie geweckt werden möchten.

Ein Musikstück lässt sich erst dann auswählen, wenn Sie Musik auf Ihrem iPad gespeichert haben. Außerdem können Sie noch die Schlummerfunktion einschalten, die Sie acht Minuten nach dem ersten Wecken erneut weckt. Jeden Weckeintrag können Sie anpassen oder löschen, wenn Sie links oben auf den Eintrag *Bearbeiten* tippen.

Sie aktivieren oder deaktivieren den Wecker über den Ein-/Ausschalter, der sich rechts neben der großen Zeitanzeige befindet. Ist der Wecker aktiviert, zeigt Ihnen Ihr iPad das mithilfe des kleinen Weckersymbols in der Statusleiste an.

Weckt Ihr iPad Sie, ertönt der gewünschte Weckruf, und auf dem Bildschirm erscheint ein Hinweisfenster mit den Einträgen *Schlummern* und *OK*, die Sie antippen müssen, um den Wecker vorübergehend oder ganz auszuschalten.

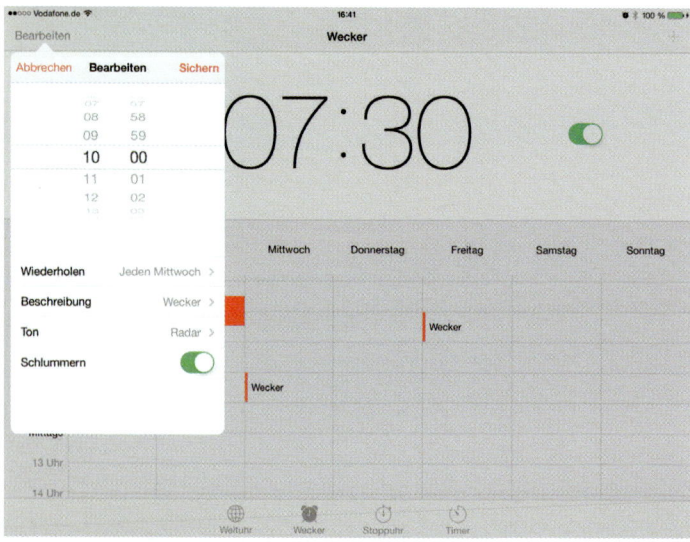

Beim Wecker können Sie unterschiedliche Weckzeiten für die ganze Woche planen und jederzeit nachträglich anpassen und ändern.

So nutzen Sie die Uhr als Stoppuhr und Timer

Stoppuhr und *Timer* verfügen nur über wenige Grundfunktionen. Sie starten die Stoppuhr, indem Sie auf *Starten* tippen, und stoppen sie, indem Sie auf *Stoppen* tippen. Das Besondere an der Stoppuhr ist, dass Sie damit auch Rundenzeiten stoppen können, die dann aufgelistet werden.

Beim Timer wählen Sie das gewünschte Zeitintervall im Bedienelement aus und tippen auf das Notensymbol, um einen Klingelton auszuwählen, der nach Ablauf des Timers ertönt. Ganz unten in der Auswahlliste der Klingeltöne finden Sie den Eintrag *Wiedergabe stoppen*, den Sie z. B. dann wählen können, wenn Sie bei Musik einschlafen möchten, die Ihr iPad abspielt. In Kombination mit dem Wecker können Sie dann sogar mit Musik einschlafen und geweckt werden.

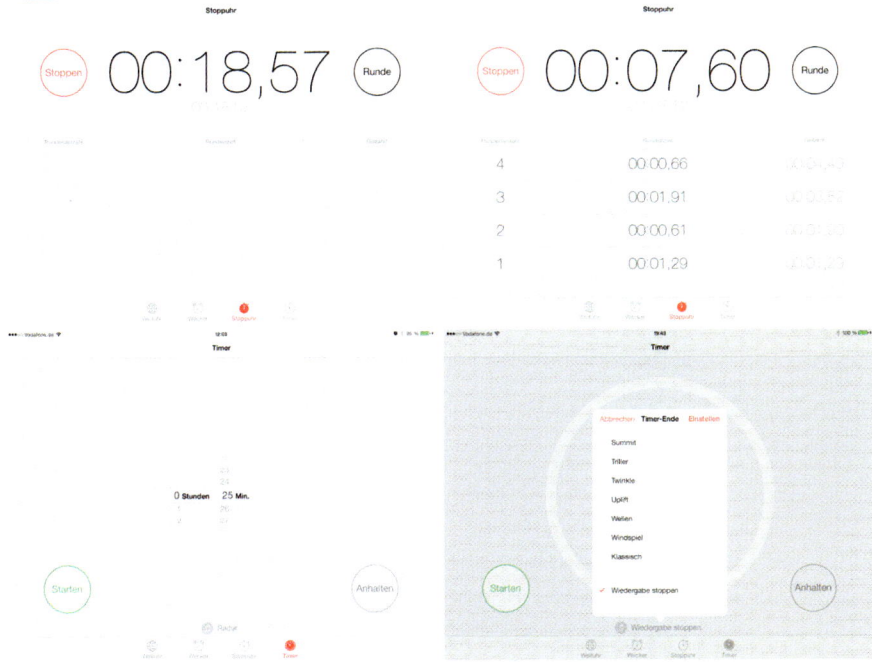

Mit der Stoppuhr können Sie auch Rundenzeiten stoppen, und der Timer kann Ihnen dabei helfen, bei Musik einzuschlafen.

6.7 Karten

 Hinter der Bezeichnung *Karten* versteckt sich ein komplexes geografisches Kartensystem, das nicht nur Standortbestimmer, Weltatlas, Routenplaner und Navigationssystem, sondern auch gleich noch eine Art lokales Informationssystem ist und Ihnen beeindruckende 3-D-Ansichten einiger Weltstädte liefert. Das Ganze aber der Reihe nach ...

Die Karten-App braucht eine Internetverbindung

Sie können die *Karten*-App nur dann in vollem Umfang nutzen, wenn Ihr iPad mit dem Internet verbunden ist. Das Kartenmaterial ist nicht auf dem Gerät vorhanden, sondern wird immer wieder neu aus dem Internet heruntergeladen. Einzige Ausnahme bildet die Routennavigation: Sie können sich von Ihrem iPad ohne Internetverbindung von A nach B führen lassen!

So bewegen Sie Kartenausschnitte

Starten Sie die *Karten*-App, zeigt sie Ihnen Ihren aktuellen Standort aus der Vogelperspektive an. Ihre Position ist mit einem blauen Kreis gekennzeichnet, der zu Beginn vielleicht ein wenig pulsiert und sich noch etwas bewegt, bis die Position genau bestimmt ist.

Sie vergrößern und verkleinern den Kartenausschnitt durch Spreizen und Zusammenziehen von zwei Fingern. Alternativ können Sie auch zweimal direkt hintereinander tippen: Tippen Sie doppelt mit einem Finger, zoomen Sie in die Kartendarstellung hinein, tippen Sie doppelt mit zwei Fingern, zoomen Sie heraus. Den Kartenausschnitt selbst können Sie mit einem Finger in eine beliebige Richtung bewegen.

 Karte ausrichten

Sollten Sie bei allem Zoomen und Drehen die Orientierung verlieren, ist das kein Problem. Rechts oben ist nämlich ein kleiner Kompass eingeblendet, der Ihnen die Nordrichtung zeigt. Reicht Ihnen das nicht, tippen Sie auf den Kompass, um die Kartendarstellung nach Norden auszurichten.

❶ Am unteren Rand werden Ihnen insgesamt vier Symbole angezeigt: Tippen Sie auf das Pfeilsymbol, wird Ihnen Ihre aktuelle Position in der Mitte der Kartendarstellung angezeigt.

❷ Mit einem Tipp auf das Symbol *3D* wechseln Sie in die dreidimensionale Darstellung, die Sie auch in der folgenden Abbildung sehen, oder von der 3-D- in die 2-D-Ansicht. Tippen Sie auf das Teilen-Symbol, können Sie Ihre aktuelle Position anderen per Mail mitteilen oder auf Facebook veröffentlichen.

❸ Über das Infosymbol können Sie einstellen, ob Sie eine klassische Kartendarstellung (*Standard*), eine Satellitenansicht mit Kartenangaben (*Hybrid*) oder nur die reine Satellitenansicht (*Satellit*) angezeigt bekommen. Außerdem haben Sie hier die Möglichkeit, anzugeben, ob Ihnen zusätzlich auch noch aktuelle Verkehrsinformationen in die Kartendarstellung eingeblendet werden.

Nehmen Sie sich ein wenig Zeit und machen Sie sich mit der Grundbedienung der *Karten*-App vertraut. Mit ein wenig Geschick können Sie die 3-D-Darstellung mit zwei Fingern sogar neigen, wenn Sie nur einen der beiden Finger bewegen.

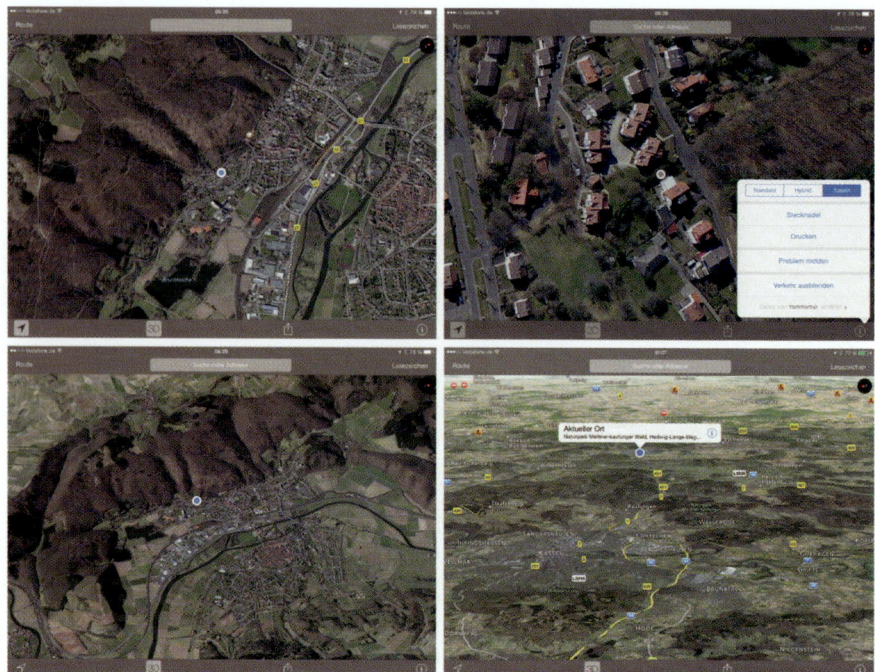

Vergrößern, verkleinern und verschieben Sie die Kartendarstellung, wechseln Sie zur 3-D-Ansicht und probieren Sie unterschiedliche Ansichtsoptionen aus.

Orte, Adressen und Sehenswürdigkeiten anzeigen

Natürlich müssen Sie den Kartenausschnitt nicht so lange zoomen, bis Sie einen bestimmten Ort angezeigt bekommen. Oben über der Kartendarstellung befindet sich ein Eingabefeld, in das Sie eintragen, was Sie angezeigt bekommen möchten.

Die Eingabemöglichkeiten, die Sie dort haben, sind breit gefächert und reichen von einer einfachen Ortsangabe über eine komplette Adresse, den Namen einer Sehenswürdigkeit bis hin zu allgemeinen Abfragen wie „Pizza Göttingen" oder „Autovermietung Berlin". Außerdem können Sie auch einfach einen Namen eingeben.

Die *Karten*-App vergleicht Ihre Eingabe automatisch mit Ihrem Kontaktverzeichnis und bietet Ihnen bereits während der Eingabe passende Einträge an. Ist der gewünschte Eintrag dabei, tippen Sie ihn an und bekommen die Adresse in der Karte angezeigt.

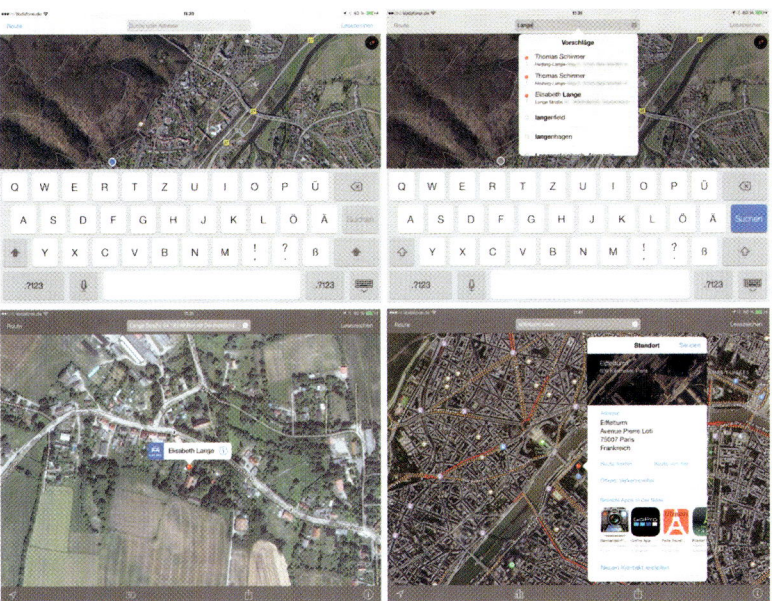

Die Suchfunktion bietet Ihnen viele Eingabemöglichkeiten und bringt Sie an jeden beliebigen Ort der Welt.

Gehen Sie mit Ihrem iPad auf Reisen

Die *Karten*-App ist hervorragend für Entdeckungsreisen geeignet: Mit ein paar Fingertipps können Sie potenzielle Urlaubsziele erkunden, sich die genaue Lage von Hotels und anderen Unterkünften ansehen, Ausflüge planen oder Urlaube „nachreisen".

So erkunden Sie Weltstädte in Super-3-D

Machen Sie doch mal eine Erkundungsreise nach Berlin, London, Rom, New York, Paris, Kopenhagen, Los Angeles oder vielleicht nach Montreal oder Sydney. Sie werden beeindruckt sein! Diese und einige andere Weltstädte gibt es nämlich in Super-3-D, in der sogenannten Fly-over-Ansicht. Und „drüberfliegen" ist genau das, was Sie dann tun können.

❶ Probieren Sie London aus: Tragen Sie „London" in das Suchfeld ein und tippen Sie auf den *London*-Eintrag. Die Positionsstecknadel erscheint mitten im Zentrum Londons.

❷ Jetzt vergrößern Sie den Ausschnitt immer weiter, bis Sie einzelne Gebäude erkennen. Sie werden feststellen, dass die Stecknadel mitten in den Houses of Parliament steckt, zu denen auch Big Ben gehört.

❸ Anstelle des *3D*-Symbols sehen Sie in der unteren Symbolleiste nun das Fly-over-Symbol, das durch drei Hochhäuser symbolisiert wird. Tippen Sie sie an, wechseln Sie in die Fly-over-Ansicht. Starten Sie Ihren Überflug und fliegen Sie doch mal zum Tower und der Tower Bridge.

❹ Den Kartenausschnitt zoomen, drehen und neigen Sie mit zwei Fingern. Zum Bewegen reicht ein Finger. Sollten Sie die Verkehrsinformationen stören, schalten Sie sie über das Infosymbol aus. Angenehmen Flug!

Farbpunkte versorgen Sie mit Detailformationen

Ihnen sind bestimmt die Farbpunkte mit den unterschiedlichen Symbolen aufgefallen. Tippen Sie auf so einen Punkt, bekommen Sie Detailinformationen angezeigt: Adressen und Internetlinks von Einkaufsmöglichkeiten, Restaurants, Cafés, kulturellen Einrichtungen, aber auch Hinweise auf öffentliche Verkehrsmittel, Parks und Bildungseinrichtungen.

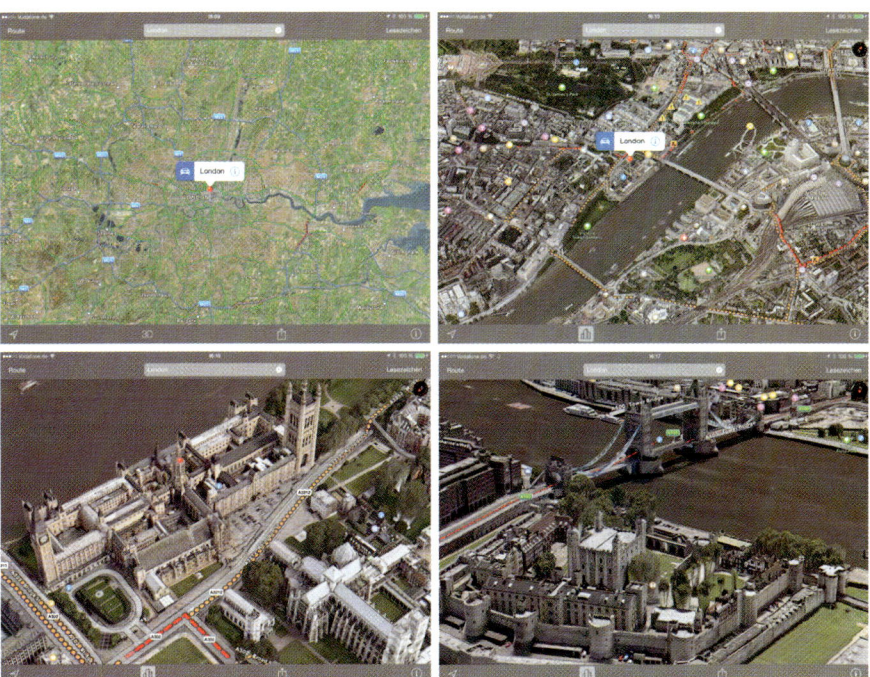

Lassen Sie sich London in der Fly-over-Ansicht anzeigen und fliegen Sie zum Tower.

So wird das iPad zum Navigationssystem

Die *Karten*-App macht Ihr iPad auch zu einem Navigationssystem, das Sie mit Sprachanweisungen und Kartenhinweisen von Ihrem Ausgangspunkt zum Ziel führt. Die Routenplanung ist denkbar einfach und auf verschiedenen Wegen möglich.

Möglichkeit 1

❶ Tippen Sie links oben auf den Eintrag *Route*, erscheint ein Eingabefenster, in dem der Startpunkt *Aktueller Ort* bereits eingetragen ist.

❷ Im Feld *Ende* tragen Sie das gewünschte Ziel ein. Dies kann ein Ort, eine Sehenswürdigkeit, eine komplette Adresse oder auch ein Name aus dem Kontaktverzeichnis sein.

❸ Ist das geschehen, tippen Sie auf den blauen Eintrag *Route* rechts oben im Eingabefenster. Die Route wird berechnet und in einer Übersichtskarte angezeigt. Unter Umständen haben Sie die Wahl zwischen mehreren Routenvarianten.

❹ In der Titelleiste sehen Sie die voraussichtliche Fahrtdauer und die Entfernung. Sie können sich die genaue Streckenführung anschauen, wenn Sie unten in der Symbolleiste auf das Listensymbol tippen. Tippen Sie auf den Eintrag *Start*, erscheint der Navigationsbildschirm, und Sie hören die erste Navigationsanweisung.

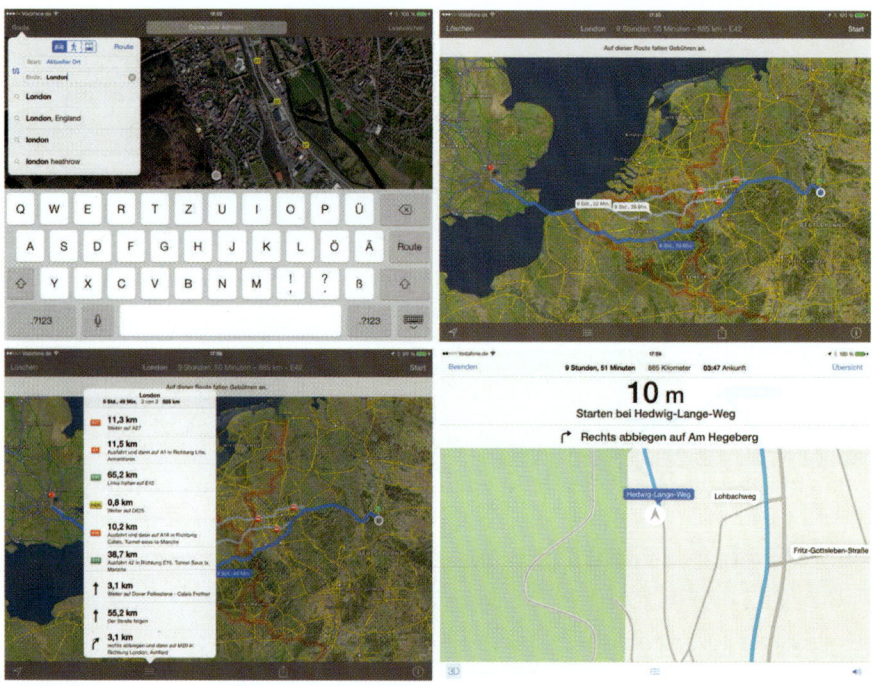

Von der Zieleingabe bis zur ersten Navigationsanweisung sind nur wenige Eingaben erforderlich.

Möglichkeit 2

1 Sie können auch vom Ziel ausgehen. Lassen Sie sich gerade eine Adresse anzeigen, ist diese mit einer Stecknadel gekennzeichnet. Tippen Sie auf die Stecknadel, erscheint eine Orts- oder Namensangabe.

2 Tippen Sie auf diese Angabe, öffnet sich ein Standortfenster, das Ihnen unter anderem den Optionseintrag *Route hierhin* anbietet.

3 Tippen Sie darauf, landen Sie automatisch im Eingabefenster der Routenplanung, von wo aus alles Weitere genau so funktioniert wie bei Möglichkeit 1.

4 Die Stecknadel können Sie aber auch selbst setzen: Lassen Sie einfach Ihren Finger ein wenig länger auf der gewünschten Kartenposition ruhen, erscheint eine Stecknadel mit der aktuellen Ortsangabe, die Sie dann antippen und so zum Optionseintrag *Route hierhin* gelangen.

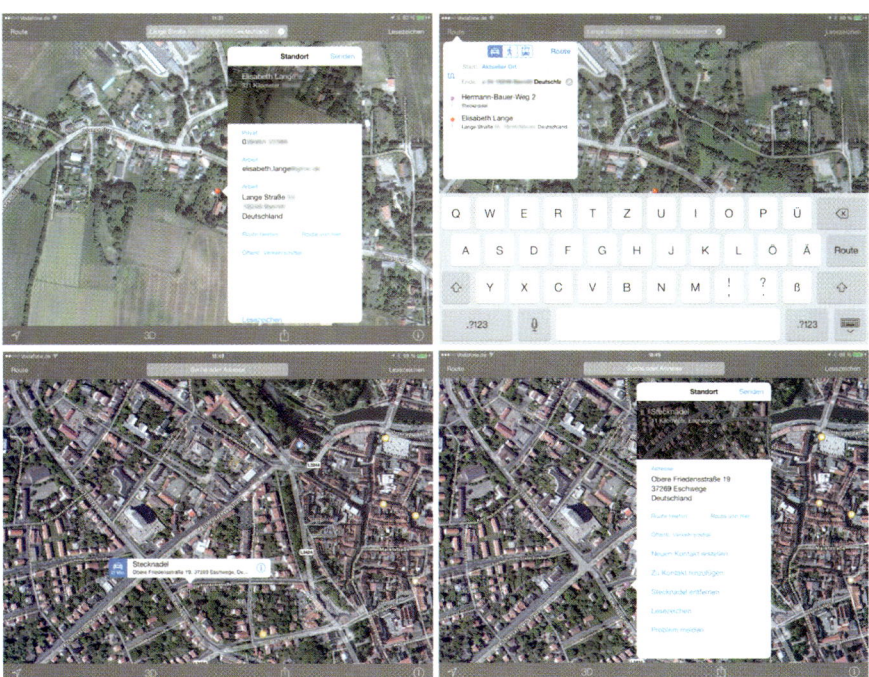

Sie können auch vom Ziel zur Routenplanung wechseln.

Während der Fahrt folgen Sie dann den Anweisungen der *Karten*-App, die Sie zuverlässig führt. Ist die Route einmal berechnet, benötigen Sie keine Internetverbindung. Sie können also auch ein iPad ohne Mobilfunkfunktion zum Navigieren verwenden. Die Route ist mit sämtlichen Anweisungen auf dem Gerät gespeichert. Problematisch wird es allerdings, wenn Sie so weit von der geplanten Route abweichen, dass eine Neuberechnung erfolgen muss. Ohne Internetverbindung ist die Neuberechnung nicht möglich.

Während der Navigation können Sie Ihr iPad auch zum Abspielen von Musik einsetzen oder andere Apps benutzen. Die *Karten*-App läuft im Hintergrund weiter. Selbst beim Wechsel in den Ruhezustand ist die *Karten*-App weiter aktiv und wird vor dem Sperrbildschirm angezeigt. Finden Sie Gefallen am Navigieren mit Ihrem iPad, sollten Sie auf jeden Fall in eine passende Autohalterung investieren.

6.8 Videos

 Die App *Videos* hat eine Doppelfunktion: Sie ist Ihr Zugang zum Musikvideo- und Filmangebot des iTunes Store, in dem Apple Medieninhalte verkauft und im Fall von elektronischen Büchern auch kostenlos zur Verfügung stellt. Sie ist gleichzeitig aber auch das Archiv- und Wiedergabesystem für die Videos, die Sie dort gekauft und heruntergeladen haben. Videos, die Sie mit Ihrem iPad aufgenommen haben, schauen Sie sich mit der App *Fotos* an.

Den iTunes Store stellen wir Ihnen in Kapitel 7 noch genauer vor.

6.9 Notizen

Mit der App *Notizen* machen Sie sich Notizen. So einfach ist das. Jede Notiz, die Sie eingeben, wird automatisch gespeichert. Sie müssen keinen Dateinamen und keine Überschrift eingeben. Die ersten Wörter Ihrer Notiz werden automatisch als Titel der Notiz übernommen und in der Notizübersicht angezeigt. Die einzigen Bedienelemente sind die drei Symbole rechts oben: Wollen Sie eine neue Notiz schreiben, tippen Sie auf das Papier-und-Stift-Symbol. Wollen Sie die aktuelle Notiz löschen, tippen Sie auf den Papierkorb, wollen Sie sie an andere weiterleiten, tippen Sie auf das Teilen-Symbol.

Es gibt aber auch hier etwas Besonderes: Die Notizen, die Sie auf Ihrem iPad eingeben, werden Ihnen automatisch auf allen Geräten angezeigt, die über iCloud mit Ihrer Apple-ID verknüpft sind. Umgekehrt werden Ihnen natürlich die Notizen, die Sie auf diesen Geräten eingeben, auch auf Ihrem iPad angezeigt. Möchten Sie das nicht, können Sie die Synchronisierung der Notizen über die *Einstellungen* abschalten.

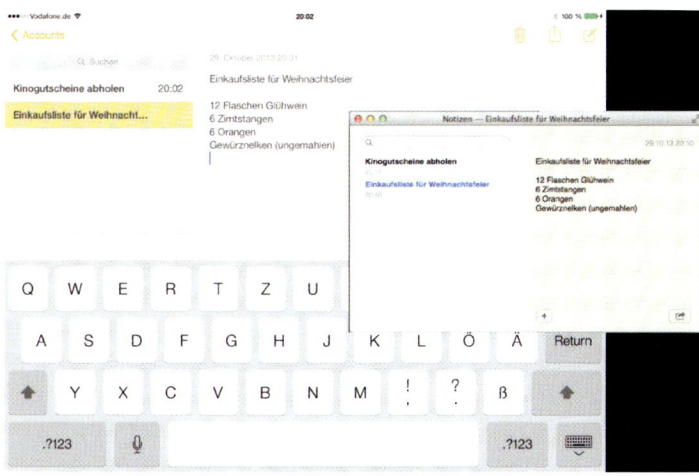

Ihre Notizen erscheinen automatisch auch auf Ihren anderen Geräten, die mit iCloud verbunden sind.

6.10 Erinnerungen

 Die App *Erinnerungen* erinnert Sie an alles, an das Sie erinnert werden möchten. Sie dürfen vorher nur nicht vergessen, einzutragen, woran Sie erinnert werden wollen! Anders als die App *Notizen* erinnert Sie die App *Erinnerungen* tatsächlich mit einem Wecker an Ihre Einträge. Den Wecker müssen Sie natürlich auch vorher einstellen. Im Gegensatz zu den *Notizen* sind die *Erinnerungen* nicht für die freie Texteingabe, sondern für das Führen von Listen gedacht. Sie führen diverse Listen mit Kurzeinträgen, die Sie „abhaken" können. Welcher Art diese Listen sind, bleibt ganz Ihnen überlassen. Hier sind Sie nicht auf die Klassiker „Arbeit", „Familie" oder „Einkaufen" beschränkt, sondern legen selbst fest, welche Listen Sie führen.

So funktionieren die Erinnerungen

Möchten Sie sich erinnern lassen, ist das sehr einfach möglich: Im linken Bereich der App wird Ihnen eine Listenübersicht gezeigt.

❶ Tippen Sie links unten auf den Eintrag *Neue Liste*, können Sie eine neue Liste anlegen, deren Bezeichnung Sie im rechten Inhaltsbereich eintragen und für die Sie eine Farbe auswählen (hier *Kindergarten* in Grün).

❷ Tippen Sie auf *Fertig*, steht Ihnen die Liste zur Verfügung, die Sie nun mit Einträgen füllen, indem Sie auf den Inhaltsbereich tippen.

❸ Es erscheint das Eingabefenster *Details*, in dem Sie eintragen und auswählen, woran Sie wann erinnert werden möchten. Hier haben Sie auch die Gelegenheit, zusätzliche Notizen zu hinterlegen.

❹ Ist das geschehen, tippen Sie auf *Fertig*, und der Erinnerungseintrag erscheint in der aktuellen Liste.

❺ Über die *Bearbeiten*-Einträge können Sie Listeneinträge und Listen nachträglich ändern oder löschen. Haben Sie das, woran Sie erinnert werden wollten, erledigt, tippen Sie auf den betreffenden Listeneintrag. Der wird dann farbig gekennzeichnet und verschwindet im Archiv, das Sie über den Eintrag *Erledigte zeigen* einsehen können.

Genau wie die *Notizen* werden Ihnen auch die *Erinnerungen*, die Sie auf Ihrem iPad eingeben, automatisch auf allen Geräten angezeigt, die über iCloud
mit Ihrer Apple-ID verknüpft sind.

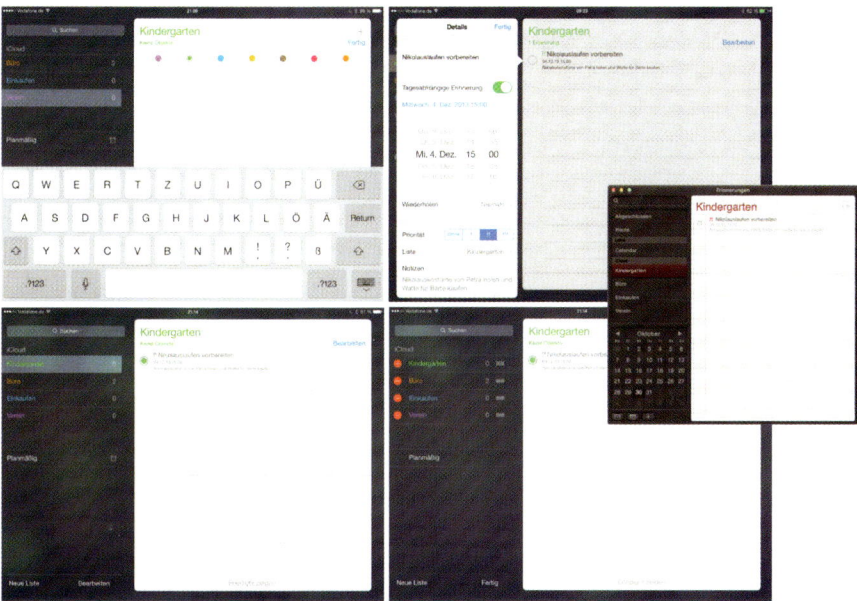

*Erinnerungen tragen Sie in Listen ein, die auch automatisch mit anderen Geräten synchro-
nisiert werden.*

6.11 App Store

 Die *App Store*-App ist Ihre Direktverbindung zum App Store, in dem Ihnen Apple kostenpflichtige und kostenlose Apps zur Verfügung stellt. Mit der *App Store*-App können Sie sich über neue Apps informieren, sich die beliebtesten Apps anzeigen lassen und gezielt nach bestimmten Apps suchen. Haben Sie eine interessante App gefunden, können Sie sie direkt auf Ihr iPad übertragen. Wie Sie sich im App Store zurechtfinden und wie das mit dem Herunterladen einer App genau funktioniert, erfahren Sie in Kapitel 7.

*Die **App Store**-App bringt Sie in den App Store von Apple.*

6.12 Photo Booth

 *Photo Booth*, der Fotoautomat, ist eine kleine Foto-App, die Ihnen neun Filter zum Verfremden von Fotos zur Verfügung stellt, die Sie damit aufnehmen. Mehr nicht. Sie rufen *Photo Booth* auf, visieren an, was Sie aufnehmen möchten, und bekommen die neun möglichen Verfremdungen in einer Live-Vorschau angezeigt. Sie tippen auf die gewünschte Verfremdung, bekommen diese im Vollformat angezeigt und tippen auf den Auslöser. Wählen können Sie lediglich, ob Sie die Front- oder Rückseitenkamera Ihres iPads verwenden möchten. Direkt nach dem Aufnehmen können Sie das Foto mit anderen teilen. Das Foto wird automatisch in die *Fotos*-App übertragen, mit der Sie es jederzeit anschauen können.

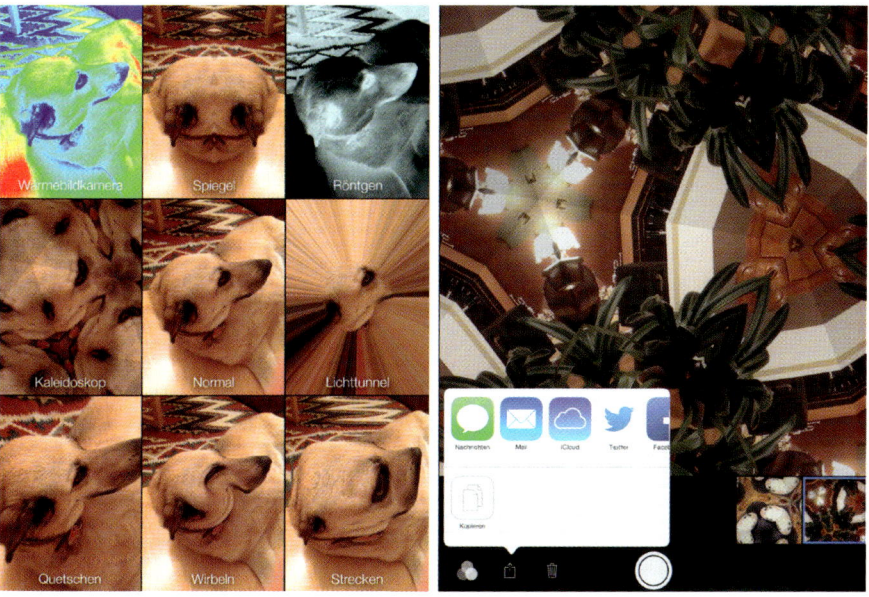

Photo Booth bietet Ihnen neun Effektfilter für Fotos, die Sie direkt mit anderen teilen können.

6.13 Game Center

Das *Game Center* ist die Spielezentrale Ihres iPads – und das gleich in mehrfacher Hinsicht. Haben Sie sich hier mit Ihrer Apple-ID und einem Spielernamen registriert, werden Ihre Spielergebnisse allen anderen registrierten Nutzern des *Game Center* über Chart-Einträge und High-Score-Listen mitgeteilt. Im Gegenzug können Sie natürlich die Charts und High Scores der anderen Nutzer einsehen. Sie können Freundschaften mit anderen Nutzern schließen, diese Freunde zu gemeinsamen Spielen einladen, herausfordern und mit ihnen direkt in Kontakt treten. Gleichzeitig ist das *Game Center* aber auch der Ort, an dem Sie sich über neue Spiele informieren und diese kaufen und herunterladen können.

*Das **Game Center** ist die Spielezentrale, über die Sie auch mit anderen Spielern in Kontakt treten.*

6.14 Zeitungskiosk

Und noch eine zentrale Sammelstelle – der *Zeitungskiosk*. Hier werden die elektronischen Zeitungen und Zeitschriften gesammelt, die Sie über den Apple Store abonniert haben. Der Kiosk zeigt Ihnen in einer Art Regal Miniaturdarstellungen Ihrer Zeitungen und Zeitschriften, die Sie mit einem Fingertipp öffnen. Gleichzeitig ist der Kiosk aber auch Ihre Direktverbindung zum Zeitungsmagazinbereich des App Store. Klicken Sie rechts unten auf den Eintrag *Store*, können Sie dort stöbern und abonnieren.

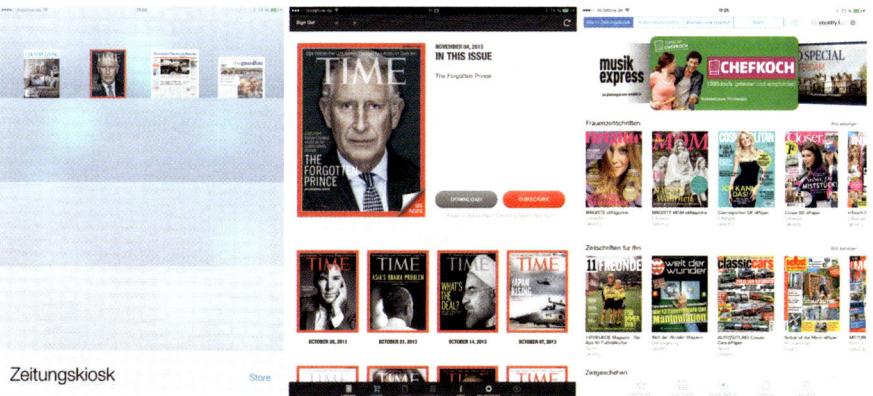

*Der **Zeitungskiosk** sammelt Ihre Abos und führt Sie in den Magazinbereich des Apple Store.*

6.15 iTunes Store

Und noch ein Store! Der iTunes Store ist Ihr Direktzugang zum riesigen Musik- und Hörbuchangebot des Apple Store. Dort können Sie stöbern, probehören und natürlich kaufen. Ihre Einkäufe werden direkt auf Ihr iPad übertragen. Wie das im Einzelnen funktioniert, erfahren Sie in Kapitel 7, in dem wir Ihnen den App Store und iTunes vorstellen.

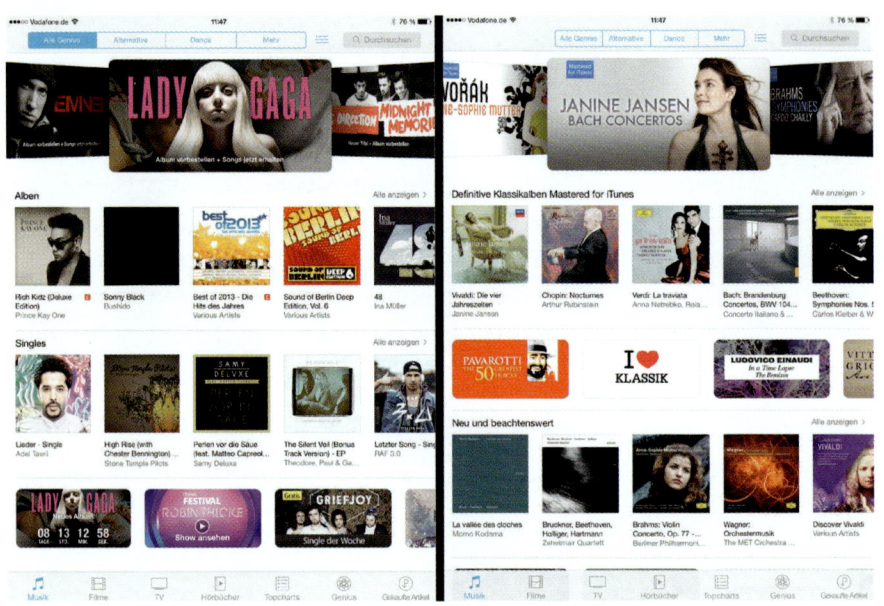

Ob Lady Gaga oder Janine Jansen – im riesigen Angebot des iTunes Store ist für jeden Musikgeschmack etwas dabei.

7 Safari, Mail, Siri & Co.

In diesem Kapitel dreht sich fast alles um das Thema Internet. Darum, wie Sie mit Ihrem iPad und Safari im Internet surfen, wie Sie Internetseiten, die Sie häufig besuchen, zu Ihren Favoriten machen, wie Sie die Grundeinstellungen von Safari anpassen, wie Sie E-Mails und Nachrichten verschicken, wie Sie zusätzliche E-Mail-Konten einrichten und wie Ihnen Siri behilflich sein kann.

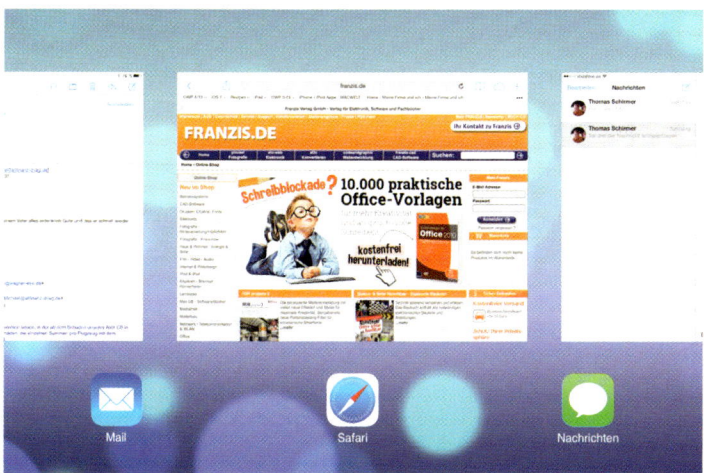

*Die Themenschwerpunkte dieses Kapitels sind die Apps **Safari**, **Mail** und **Nachrichten**.*

Außerdem erfahren Sie hier, wie Sie Kontakt- und Termininformationen, die Sie bereits auf einem anderen Gerät eingegeben haben, auf Ihr iPad übertragen können. Auch dabei kann das Internet eine wichtige Rolle spielen. Ganz nebenbei lernen Sie auf die Schnelle das Computerprogramm iTunes kennen, das nicht nur ein Verkaufsportal ist, sondern Ihnen auch dabei helfen kann, Ihr iPad in Verbindung mit einem Computer zu verwalten. Sie haben gar keinen Computer? Kein Problem. Sie können Ihr iPad auch ohne Computer in vollem Umfang nutzen. Einiges lässt sich aber in Verbindung mit einem Computer etwas bequemer erledigen.

7.1 Safari

 Der Browser Ihres iPads heißt Safari. Ein Browser ist das Programm oder in diesem Fall die App, mit der Sie im Internet surfen und eine Internetseite nach der anderen aufrufen. Streng genommen „surfen" Sie also mit Ihrem iPad nicht, sondern gehen auf Safari. Das klingt etwas merkwürdig, wenn man der Safari-Definition des Duden folgt: „Safari: [Gesellschafts]reise (nach Afrika) mit der Möglichkeit, Großwild zu beobachten [und zu jagen]". Wikipedia, das größte Onlinelexikon, weiß es aber genauer: „Safari (zaˈfaːri, vom Arabischen ‮رفس‬, safar ‚Reise') ist der gängige Begriff der Swahili-Sprache für eine Reise jeglicher Art. Beispielsweise kann auch ein einfacher längerer Spaziergang eine Safari sein." Das passt doch schon besser. Sie reisen oder spazieren also mit Safari durchs Internet. Na dann: gute Reise!

Die Bedienelemente des Safari-Browsers

Normalerweise rufen Sie Safari über die Home-Leiste auf, die sich am unteren Rand des Home-Bildschirms befindet. Die Home-Leiste wird auf jeder Seite des Home-Bildschirms angezeigt und sollte daher die Symbole der Apps enthalten, die Sie am häufigsten einsetzen. Sie können dort maximal sechs Symbole unterbringen. Da Sie Ihr iPad häufig zum Internetsurfen einsetzen werden, ist das Safari-Symbol in der Home-Leiste aber sehr gut aufgehoben.

Home-Leiste ändern

Die Belegung der Home-Leiste ändern Sie, indem Sie Ihren Finger so lange auf einem beliebigen Symbol ruhen lassen, bis die Symbole zu wackeln anfangen. Ihr iPad befindet sich jetzt im Verschiebemodus, und Sie können sämtliche App-Symbole nun nach Lust und Laune verschieben und neu arrangieren. Haben Sie genug verschoben, drücken Sie kurz auf den Home-Knopf, um den Verschiebemodus zu beenden.

Die Bedienelemente von Safari befinden sich oben direkt unter der Statusleiste.

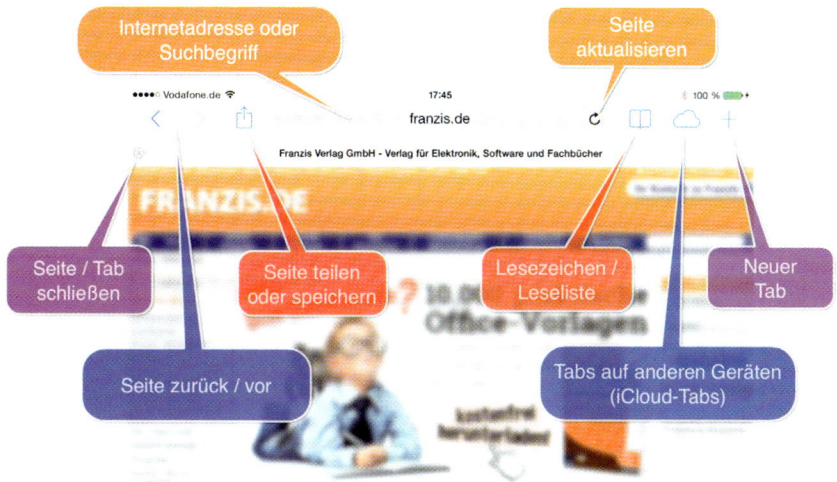

Die Bedienelemente von Safari im Überblick.

Internetseiten aufrufen und Darstellungsgröße ändern

Das wichtigste Element ist ohne Frage das Eingabefeld, in das Sie entweder die Adresse der Internetseite eintragen, die Sie besuchen möchten, oder
einen Suchbegriff. Safari ist direkt mit einer der großen Suchmaschinen
Google, Yahoo! und Bing verbunden und zeigt Ihnen bereits während der
Eingabe Fundstellen an, zu denen Sie über die Auswahlliste direkt wechseln
können. Welche der drei Suchmaschinen Safari verwendet, legen Sie über die
Einstellungen fest. Google ist voreingestellt.

1 Probieren Sie es aus und rufen Sie die Franzis-Homepage *franzis.de* auf:
Tippen Sie auf das Safari-Symbol in der Home-Leiste und tragen Sie in
das Eingabefeld „franzis.de" ein. Während Sie die ersten Buchstaben
eingeben, zeigt Ihnen die Auswahlliste, die automatisch unterhalb des
Eingabefelds erscheint, nicht nur einen Eintrag für den Franzis Verlag,
sondern auch weitere Einträge der Google-Suche, die zu den Buchstaben passen, die Sie bereits eingegeben haben.

Statt die Homepage des Franzis Verlags aufzurufen, könnten Sie, wenn Sie wollten, auch in den Suchergebnissen zu Frankfurt wechseln und von dort zu einer interessanten Homepage gehen, auf der es um Frankfurt geht.

❷ Tippen Sie jetzt jedoch auf den Franzis-Eintrag in der Auswahlliste oder geben Sie die Adresse *franzis.de* so weit ein, bis sie in der Adressleiste automatisch komplett vervollständigt wird. Tippen Sie in der virtuellen Tastatur auf die Taste *Öffnen*. Die Franzis-Homepage erscheint.

❸ Die Internetseite können Sie mit einem Finger scrollen und mit zwei Fingern vergrößern oder verkleinern. Zum Vergrößern und Verkleinern können Sie alternativ aber auch mit einem Finger doppelt tippen. Vergrößerte Bildausschnitte lassen sich mit einem Finger auch nach links und rechts verschieben.

Rufen Sie die Franzis-Homepage auf und ändern Sie die Darstellungsgröße.

Seitennavigation, Tabs und Lesemodus

Innerhalb der Franzis-Homepage wechseln Sie durch Antippen von Vorschaubildern und Einträgen der Navigationsleisten zu Einzelbereichen und Einzelangeboten. Über die beiden blauen nach links und rechts weisenden Pfeilschaltflächen können Sie zurück und auch vorwärts blättern.

Safari kann Ihnen aber nicht nur eine einzige, sondern auch gleich mehrere Homepages anzeigen. Dafür sind die *Tabs* zuständig: Jede Website wird dann auf einer eigenen Registerkarte dargestellt. Sie bekommen immer eine Homepage im Vordergrund angezeigt und sehen von den anderen Homepages nur die Registerkartenreiter (Tabs). Wollen Sie zu einer anderen Homepage wechseln, tippen Sie auf deren Registerkarte und bekommen diese dann im Vordergrund angezeigt.

Neue Tabs erscheinen auch automatisch

Beim Surfen rufen Sie Inhalte durch Antippen von farblich gekennzeichneten Links, Menüeinträgen, Bildern und anderen Elementen einer Internetseite auf. Dabei kann es durchaus vorkommen, dass die neuen Inhalte nicht innerhalb der aktuellen Internetseite, sondern automatisch auf einem neuen Tab angezeigt werden.

Auch das probieren Sie gleich aus und lassen sich zusätzlich die Spiegel Online-Homepage *spiegel.de* anzeigen.

❶ Tippen Sie rechts oben auf das blaue Pluszeichen, erscheint eine neue Registerkarte.

❷ Tragen Sie in das Eingabefeld die ersten Buchstaben von „spiegel.de" ein und lassen Sie sich die Spiegel-Homepage anzeigen.

❸ Safari zeigt Ihnen nun zwei Tabs, einen für die Franzis- und einen für Spiegel-Homepage, zwischen denen Sie durch Antippen der Registerkartenreiter wechseln können.

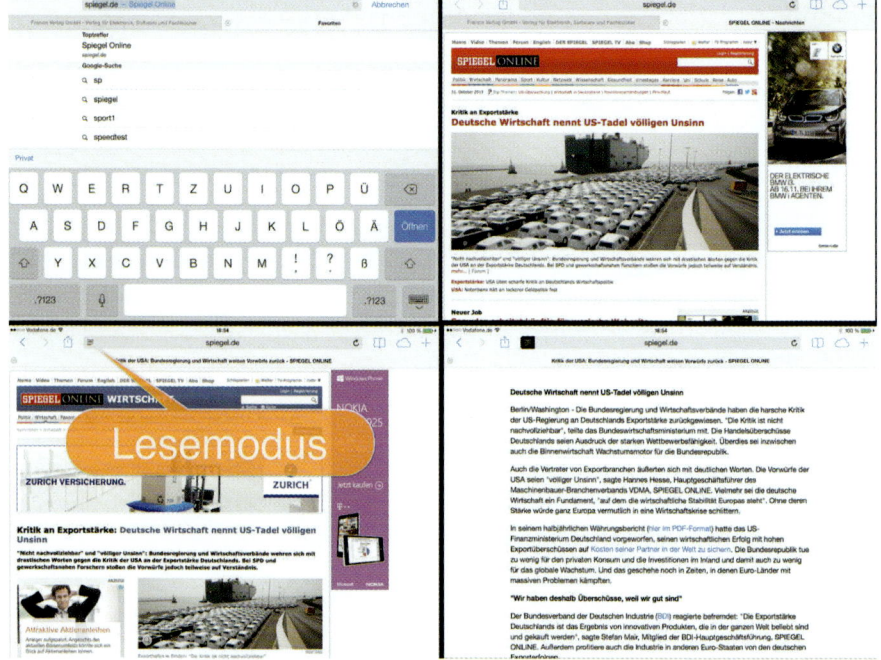

Lassen Sie sich einen zweiten Tab mit der Spiegel Online-Homepage anzeigen, rufen Sie einen Beitrag auf und wechseln Sie in den Lesemodus.

❹ Bei Spiegel Online wechseln Sie durch Antippen einer Schlagzeile oder eines rot gekennzeichneten Links zu einem Beitrag. Über den Zurück-Pfeil von Safari oder durch Antippen des Spiegel-Logos gelangen Sie wieder zur Auswahlseite zurück.

Lassen Sie sich einen Beitrag anzeigen, erscheint links im Eingabefeld von Safari ein kleines Zeilensymbol, das Sie darauf hinweist, dass Sie sich diese Seite auch im *Lesemodus* anschauen können. Dies ist bei vielen Textbeiträgen möglich, achten Sie auf das Zeilensymbol.

❺ Im Lesemodus bekommen Sie den Text und die Bilder, die zum Beitrag gehören, sehr lesefreundlich, übersichtlich und vor allem erfreulicherweise ohne Werbung angezeigt. Mit einem Tipp auf das Zeilensymbol wechseln Sie zur Normaldarstellung zurück. Sie schließen eine Seite durch Antippen des *X*-Symbols des Tabs.

Links auf einem neuen Tab anzeigen lassen

Beim Surfen wäre es manchmal praktischer, wenn Linkziele, wie neue Seiten, Bilder oder Videos, nicht anstelle des aktuellen Seiteninhalts, sondern auf einem neuen, eigenen Tab angezeigt würden. Dies können Sie ganz einfach dadurch erreichen, dass Sie Ihren Finger etwas länger auf dem Link ruhen lassen. Es erscheint dann ein Auswahlfenster, in dem Sie den Eintrag *In neuem Tab öffnen* antippen können.

Lassen Sie Ihren Finger auf einem Link ruhen, können Sie das Linkziel in einem neuen Tab öffnen.

Auch Tabs werden über iCloud synchronisiert

Setzen Sie Safari auf mehreren Geräten ein, auf denen Sie mit Ihrer Apple-ID angemeldet sind, werden normalerweise auch die Tabs synchronisiert. Wenn Sie also auf Ihrem iPad mehrere Tabs geöffnet haben und zu Ihrem PC wechseln, auf dem auch Safari installiert ist, können Sie dort nahtlos „weiterreisen". Die Tabs werden Ihnen allerdings erst gezeigt, wenn Sie auf das Wolkensymbol tippen, das sich bei Ihrem iPad rechts oben und bei Ihrem PC oder Mac links oben befindet.

Lesezeichen in die Leseliste aufnehmen

Auf Ihren Safari-Reisen werden Sie schnell auf Internetseiten stoßen, die Sie immer wieder einmal besuchen oder deren Inhalt Sie irgendwann einmal in Ruhe lesen oder anschauen möchten. Sie müssen sich die Adressen dieser Seiten aber dann nicht notieren, sondern können sich dafür Lesezeichen anlegen oder sie in die Leseliste aufnehmen.

❶ Um für die aktuelle Seite ein Lesezeichen anzulegen, tippen Sie auf das Teilen-Symbol und den Auswahleintrag *Lesezeichen*.

❷ Im neuen Eingabefenster können Sie dem Lesezeichen einen eigenen Namen geben und ihm einen Lesezeichenordner zuweisen.

❸ Ist das erledigt, tippen Sie rechts oben im Eingabefenster auf den Eintrag *Sichern*. Ab sofort können Sie die Seite jederzeit über die Lesezeichenliste öffnen, die erscheint, wenn Sie rechts oben im Safari-Fenster auf das Buchsymbol tippen.

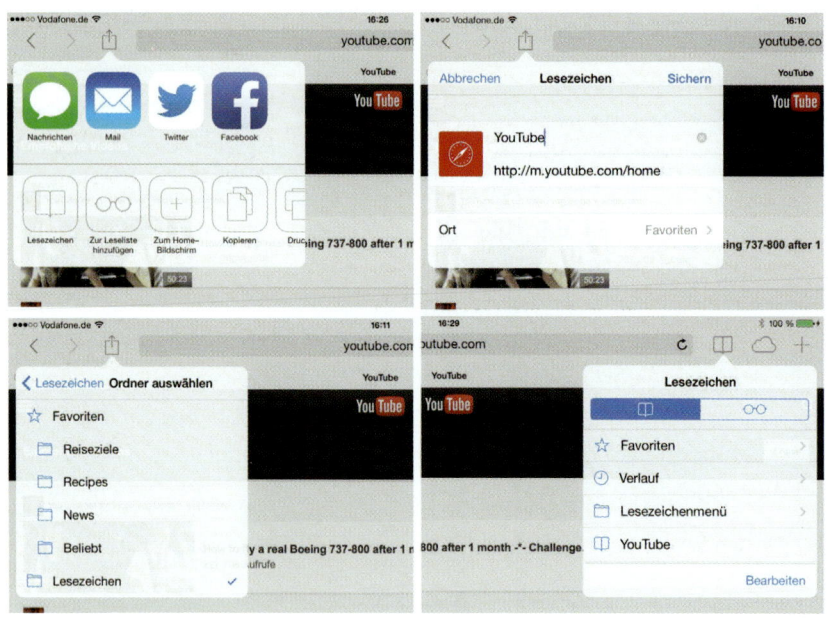

So legen Sie ein Lesezeichen an und rufen es auf.

Das Lesezeichen bleibt so lange in der Auswahlliste, bis Sie es dort löschen. Bei der Leseliste ist das anders. Sie ist nur als Sammelstelle für die Seiten gedacht, die Sie irgendwann einmal lesen, dann aber vergessen möchten.

❹ Um die aktuelle Internetseite in die Leseliste aufzunehmen, tippen Sie ebenfalls auf das Teilen-Symbol, wählen dann aber den Eintrag *Leseliste*.

❺ Die Leseliste, in der die Seite nun verzeichnet ist, können Sie einsehen, wenn Sie auf das Buchsymbol tippen und im Auswahlfenster noch einmal das Buchsymbol auswählen.

❻ Rufen Sie die Seite dann von dort auf, wird sie Ihnen beim nächsten Öffnen der Leseliste erst wieder angezeigt, wenn Sie unten in der Liste auf den Eintrag *Alle anzeigen* tippen.

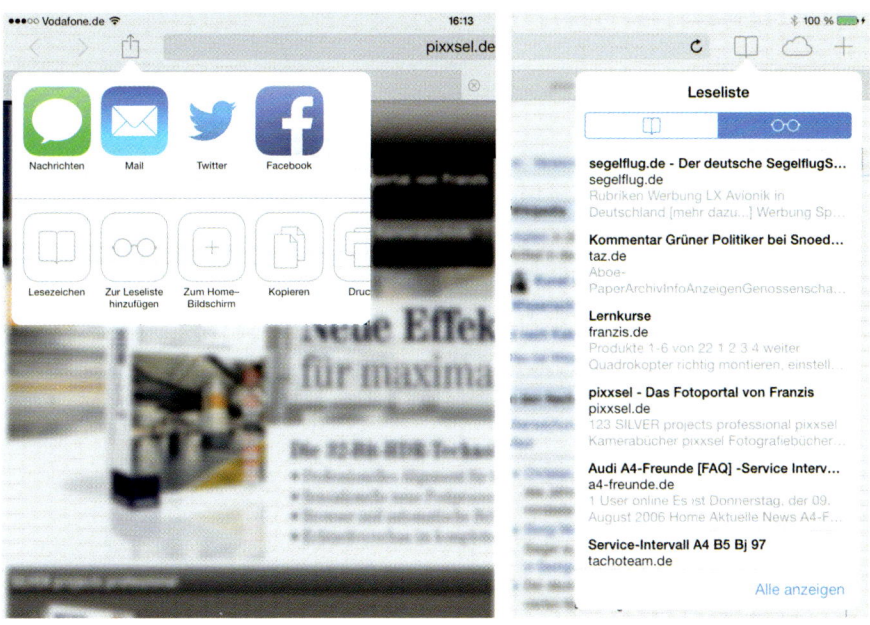

So übernehmen Sie eine Internetseite in die Leseliste und rufen sie wieder auf.

Sie können sich die Seiten aus Ihrer Leseliste auch offline anschauen

Das Besondere an der Leseliste ist, dass dort nicht nur die Internetadressen, sondern auch deren Inhalte gespeichert werden. Das hat für Sie den großen Vorteil, dass Sie diese Seiten auch offline, also ohne Internetverbindung, anschauen können. Ist Ihr iPad nicht mit einem Mobilfunkzugang ausgestattet, können Sie Ihre Leselistenseiten trotzdem unterwegs einsehen. Da die Inhalte daher natürlich Speicherplatz benötigen, sollten Sie überflüssige Seiten von Zeit zu Zeit löschen. Dazu wischen Sie von rechts nach links über einen Eintrag und tippen auf *Löschen*.

Eigene Lesezeichenordner anlegen

Richtig hilfreich sind Lesezeichen aber erst, wenn Sie eigene Lesezeichenordner anlegen, in denen Sie Internetseiten gezielt zusammenfassen. Sie könnten z. B. einen Lesezeichenordner *Reiseziele* einrichten, in dem Sie alle Internetseiten sammeln, die für Ihre Urlaubsplanung wichtig sind.

Einen eigenen Lesezeichenordner legen Sie auf folgende Weise an: Öffnen Sie das Lesezeichenfenster über das Buchsymbol, tippen Sie dort rechts unten auf den Eintrag *Bearbeiten*, geben Sie den Namen des neuen Lesezeichenordners ein (hier: „Reiseziele"), legen Sie eventuell auch noch fest, zu welchem anderen Ordner der neue Ordner gehören soll, und tippen Sie auf den Eintrag *Fertig*. Das war's. Ab sofort steht Ihnen der neue Lesezeichenordner zur Verfügung und kann von Ihnen mit interessanten Internetadressen gefüllt werden.

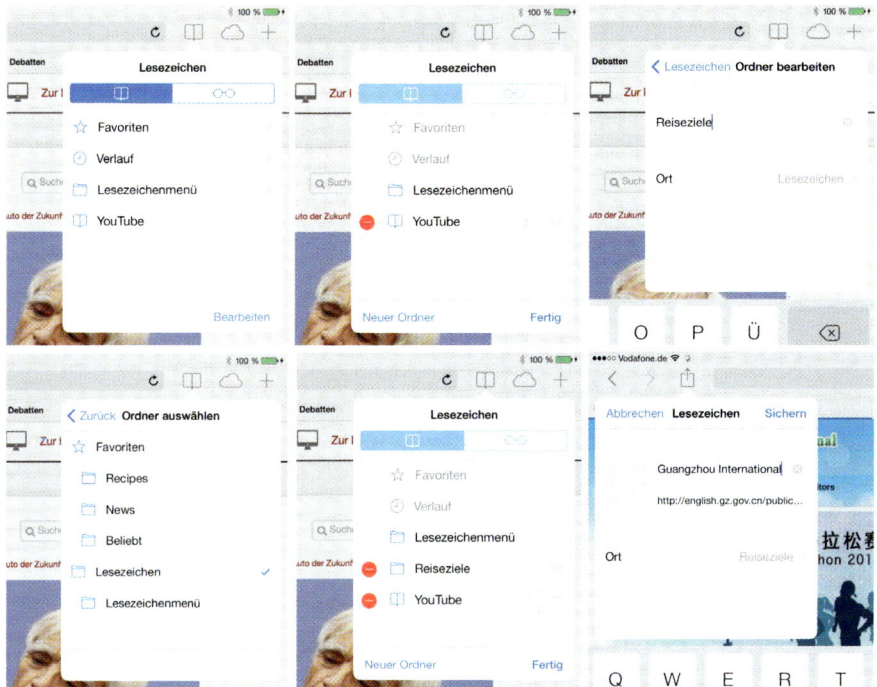

So legen Sie einen neuen Lesezeichenordner an.

Lesezeichen werden über iCloud synchronisiert

Die Lesezeichen, die Sie anlegen, werden normalerweise automatisch mit allen Geräten synchronisiert, auf denen Sie sich mit Ihrer Apple-ID anmelden.

Favoriten, Verlauf und Privatmodus

Wie Ihnen sicher aufgefallen ist, gibt es im Lesezeichenfenster die beiden Standardordner *Favoriten* und *Verlauf*.

Im Ordner *Favoriten* sind in den Unterordnern *News* und *Beliebt* bereits einige besonders populäre Internetadressen wie etwa die der Tagesschau, der Süddeutschen oder von NTV zusammengefasst. Sie können diese Unterordner mit weiteren Adressen füllen und über den Eintrag *Bearbeiten* bereits vorhandene Einträge löschen.

Der Ordner *Verlauf* füllt sich automatisch. Safari verzeichnet hier akribisch jede Internetseite, die Sie aufrufen, damit Sie bei Bedarf wieder schnell darauf zugreifen können. Das ist sehr praktisch. Es wird nämlich häufig vorkommen, dass Sie sich an eine interessante Internetseite erinnern, die Sie gern wieder aufrufen möchten, aber überhaupt nicht mehr wissen, unter welcher Adresse die Seite zu erreichen ist. Der Verlauf gibt Ihnen die Möglichkeit, diese Seite schnell wiederzufinden.

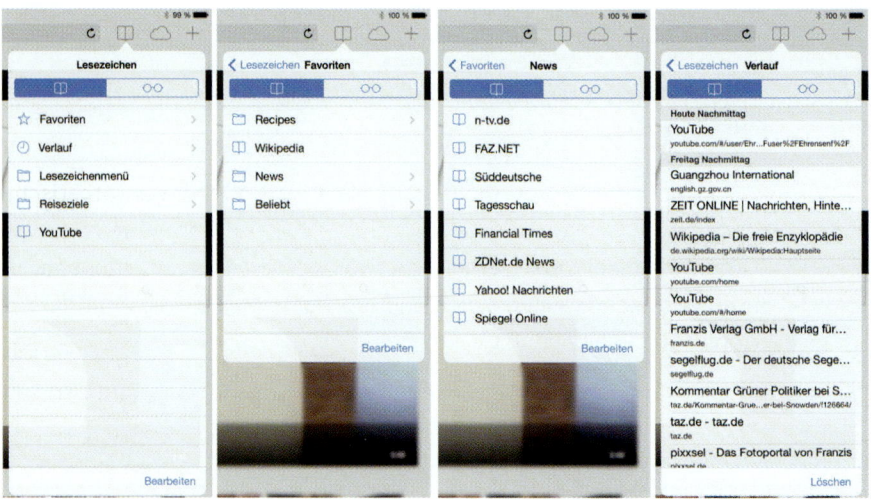

Der Lesezeichenordner **Favoriten** *enthält bereits einige interessante Adressen, und im Ordner* **Verlauf** *finden Sie ein Protokoll Ihrer Internetaktivitäten.*

Schnellzugriff auf den Verlauf über das Pluszeichen

In Safari gibt es eine besondere Abkürzung für den Zugriff auf den aktuellen Verlauf: Lassen Sie Ihre Finger auf dem Pluszeichensymbol ruhen, erscheint eine Auswahlliste, die Ihnen die Adressen der Tabs zeigt, die Sie zuletzt geschlossen haben. Das ist äußerst hilfreich, wenn Sie – was durchaus vorkommt – einen Tab aus Versehen oder einfach verfrüht geschlossen haben.

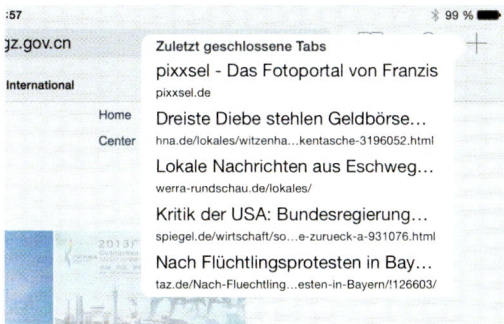

Lassen Sie Ihren Finger auf dem Pluszeichensymbol ruhen, erscheint die Auswahlliste **Zuletzt geschlossene Tabs***.*

Safari benutzt die Inhalte des Ordners *Verlauf* auch für die automatische Textergänzung Ihrer Eingaben in die Adresszeile. Haben Sie eine Internetadresse schon einmal aufgerufen, vervollständigt Safari Ihre erneute Adresseingabe bereits nach dem zweiten oder dritten Buchstaben.

So praktisch das alles ist – nicht immer ist es erwünscht, dass Safari all Ihre Internetaktivitäten protokolliert, vor allem dann nicht, wenn auch noch andere Personen Ihr iPad benutzen, die vielleicht nicht wissen sollen, bei welcher Bank Sie Ihr Konto haben oder welche medizinischen Ratgeberseiten Sie aufrufen. Bei Safari können Sie Ihre Privatsphäre schützen, indem Sie Seiten, deren Besuche nicht protokolliert werden sollen, im Privatmodus aufrufen.

Den Privatmodus nutzen Sie auf folgende Weise

❶ Tippen Sie in die Adresszeile, erscheint die virtuelle Tastatur. Links über der Tastatur befindet sich der Eintrag *Privat*.

❷ Tippen Sie auf *Privat*, wechselt Safari in den Privatmodus und fragt nach, ob bereits geöffnete Tabs geschlossen werden sollen.

❸ Tippen Sie auf *Schließen* oder *Behalten*. Sie können Safari nun wie gewohnt einsetzen.

Abgesehen vom schwarz unterlegten Navigationsbereich besteht der einzige Unterschied darin, dass keine Internetseite, die Sie ab jetzt aufrufen, protokolliert wird. Sie beenden den Privatmodus, indem Sie über der virtuellen Tastatur erneut auf den Eintrag *Privat* tippen und Safari anweisen, alle geöffneten Tabs zu schließen.

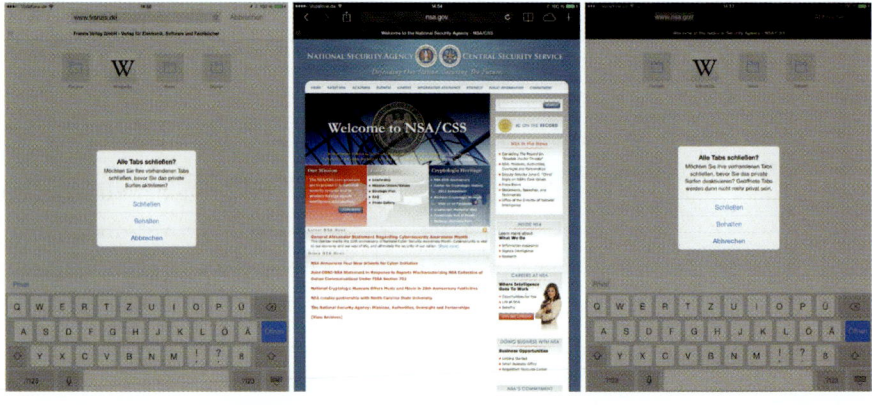

So schalten Sie den Privatmodus ein und aus.

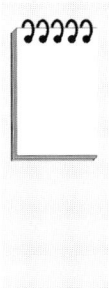

Privat ist nicht anonym

Um Missverständnissen vorzubeugen: Im Privatmodus sind Sie nicht etwa anonym im Internet unterwegs. Die IP-Adresse, über die sich Ihr iPad mit dem Internet verbindet, ist weiterhin sichtbar, sodass sich all Ihre Aktivitäten zurückverfolgen lassen. Der Privatmodus schützt Ihre Privatsphäre lediglich auf dem iPad selbst.

So legen Sie die Einstellungen für Safari fest

In den *Einstellungen* Ihres iPads gibt es in der Navigationsleiste den Auswahleintrag *Safari*, über den Sie sämtliche Einstellungsmöglichkeiten angezeigt bekommen. Haben Sie sich ein wenig mit Safari vertraut gemacht, sollten Sie sich diese unbedingt anschauen und im Bedarfsfall die Standardeinstellungen ändern.

Sie legen hier einige allgemeine Grundeinstellungen fest, zu denen beispielsweise auch die Suchmaschine gehört, die Safari benutzt. Sie können zwischen Google, Yahoo! und Bing auswählen.

Bei den Datenschutzeinstellungen sollten Sie sicherheitshalber die beiden Einträge *Kein Tracking* und *Betrugswarnung* aktivieren. Sie verhindern dadurch, dass Ihre Aktivitäten auf einer Internetseite aufgezeichnet werden (Tracking). Außerdem werden Sie gewarnt, wenn Safari vermutet, dass es sich bei der Internetseite, die Sie gerade aufrufen möchten, um eine Fälschung handelt und die Gefahr besteht, dass Betrüger versuchen, persönliche und vertrauliche Daten wie Bankverbindungen abzugreifen.

Cookies, die bei den Datenschutzeinstellungen ebenfalls auftauchen, sollten Sie nur teilweise zulassen. Cookies sind kleine Dateien, die etwa Ihren Namen und Ihre E-Mail-Adressen enthalten können, die von einer Internetseite, die Sie besuchen, auf Ihrem iPad gespeichert werden. Die Informationen, die ein Cookie enthält, haben Sie normalerweise auf der Internetseite selbst eingegeben. Besuchen Sie die Internetseite erneut, müssen Sie diese Informationen nicht noch einmal eingeben, da die Internetseite sie aus dem Cookie übernimmt.

Das ist praktisch, birgt aber ein gewisses Risiko, da Sie nicht kontrollieren können, welche Informationen ein Cookie tatsächlich enthält. Aus diesem Grund sollten Sie sich für den Mittelweg entscheiden und Cookies nicht grundsätzlich zulassen oder abschalten, sondern die Option *Von Dritten oder Werbeanbietern* übernehmen. Sie können dadurch die Vorteile von Cookies nutzen, ohne sich der Gefahr auszusetzen, dass Internetseiten oder Werbeanbieter heimlich Cookies auf Ihrem iPad speichern.

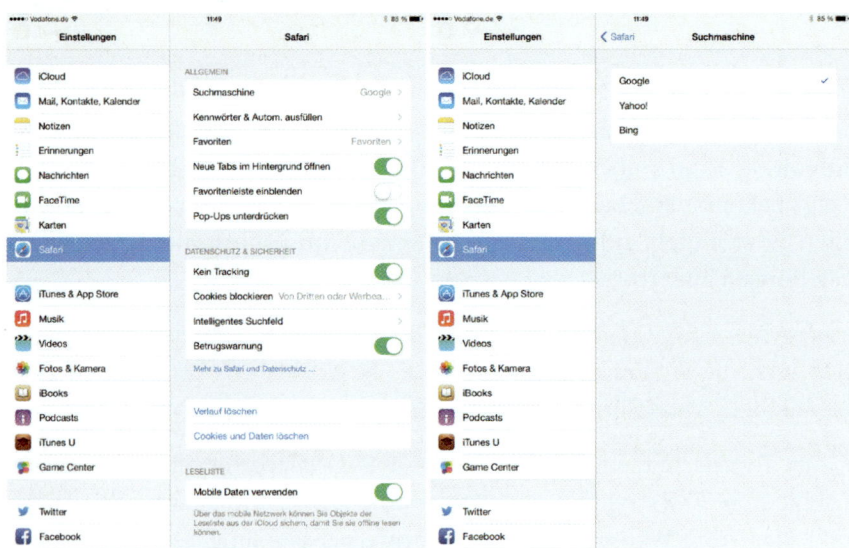

*In den **Einstellungen** legen Sie unter anderem die Suchmaschine fest.*

Verlauf komplett löschen

Falls Sie Ihr iPad verleihen und verhindern möchten, dass andere über den Verlauf nachvollziehen können, welche Internetseiten Sie besucht haben, können Sie in den *Einstellungen* auch den Verlauf löschen. Entscheiden Sie sich für diese Option, müssen Sie das Löschen ausdrücklich noch einmal bestätigen, da sich der Löschvorgang nicht mehr rückgängig machen lässt.

7.2 Mail

 E-Mail ist trotz der Videotelefonie mit FaceTime und Skype und trotz Facebook und anderer sogenannter sozialer Netzwerke immer noch eine der wichtigsten elektronischen Kommunikationsmöglichkeiten. Und natürlich können Sie auch mit Ihrem iPad E-Mails verschicken und empfangen. Zuständig dafür ist die App *Mail*, deren Symbol neben dem von Safari ebenfalls in der Home-Leiste untergebracht ist.

Um E-Mails senden und empfangen zu können, benötigen Sie ein E-Mail-Konto mit einer E-Mail-Adresse. Beides haben Sie in Form Ihrer Apple-ID bereits bei der Ersteinrichtung Ihres iPads eingegeben oder neu angelegt. Die Apple-ID, die ja das Muster *Mein.Name@icloud.com* hat, ist gleichzeitig Ihr E-Mail-Konto und Ihre E-Mail-Adresse. Das Kennwort Ihrer Apple-ID ist auch das Kennwort Ihres iCloud-E-Mail-Kontos, falls Sie dieses irgendwann einmal eingeben müssen.

Dieses E-Mail-Konto wird bei der Ersteinrichtung auch gleich von der *Mail*-App übernommen, sodass Sie sofort mit Ihrer E-Mail-Kommunikation loslegen können. Wie, erfahren Sie gleich. Da Sie aber ja vielleicht noch andere E-Mail-Konten besitzen, zeigen wir Ihnen vorher noch kurz, wie Sie diese auch auf Ihrem iPad einrichten. *Mail* ist nämlich ebenfalls in der Lage, mehrere E-Mail-Konten zu verwalten.

So richten Sie weitere E-Mail-Konten ein

Für die Einrichtung eines weiteren E-Mail-Kontos müssen Sie auf jeden Fall zwei Informationen parat haben – den Namen der E-Mail-Adresse und das Kennwort, das zu der Adresse gehört. Manchmal benötigen Sie noch die Adressen der beiden Server für eingehende und ausgehende E-Mails, die Sie im Zweifelsfall von dem Anbieter bekommen, bei dem Sie die E-Mail-Adresse gebucht haben.

❶ Haben Sie die Angaben vorliegen, ist die Einrichtung eines zusätzlichen E-Mail-Kontos schnell erledigt: Sie rufen die *Einstellungen* über den Home-Bildschirm auf und tippen auf den Navigationseintrag *Mail, Kontakte, Kalender.*

❷ Nun tippen Sie im Inhaltsbereich auf den Eintrag *Account hinzufügen*
und bekommen die gleichnamige Auswahlliste angezeigt.

❸ Haben Sie ein E-Mail-Konto bei Google, Yahoo!, AOL oder Microsoft
(egal ob Hotmail oder Outlook.com), haben Sie Glück. Bei allen Konten, die in der Auswahlliste direkt aufgeführt sind, müssen Sie nur auf
den betreffenden Anbieter tippen, Ihre E-Mail-Adresse samt Kennwort
eingeben und abschließend auf den Eintrag *Sichern* tippen. Alle weiteren Angaben ergänzt Ihr iPad automatisch und richtet das Konto ein.

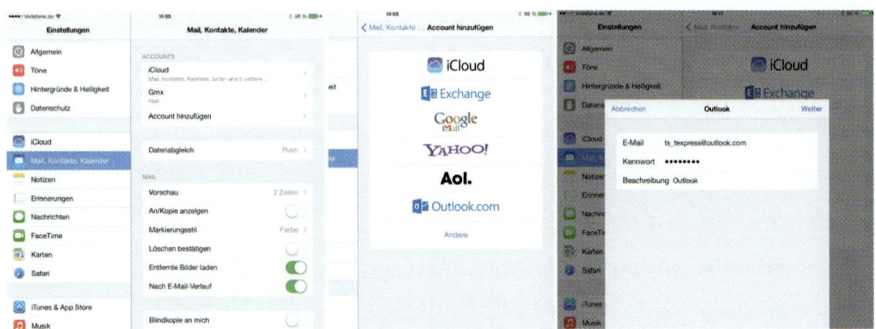

Taucht Ihr Anbieter in der Liste auf, brauchen Sie nur E-Mail-Adresse und Kennwort ein-
zugeben.

❹ Ist Ihr Anbieter nicht in der Liste aufgeführt, tippen Sie auf den Eintrag
Andere und müssen dann außer E-Mail-Adresse und Kennwort auch
noch die Angaben für die Bereiche *Server für eintreffende E-Mails* und
Server für ausgehende E-Mails eintragen.

❺ Ist das erledigt, prüft Ihr iPad die Verbindung und fragt unter Umständen nach, ob Sie das Konto ohne Verschlüsselung einrichten möchten.
Tippen Sie auf *Ja*.

❻ Die Verbindung wird erneut geprüft, und Sie bestätigen die Einrichtung des Kontos abschließend mit einem Fingertipp auf den Eintrag
Sichern.

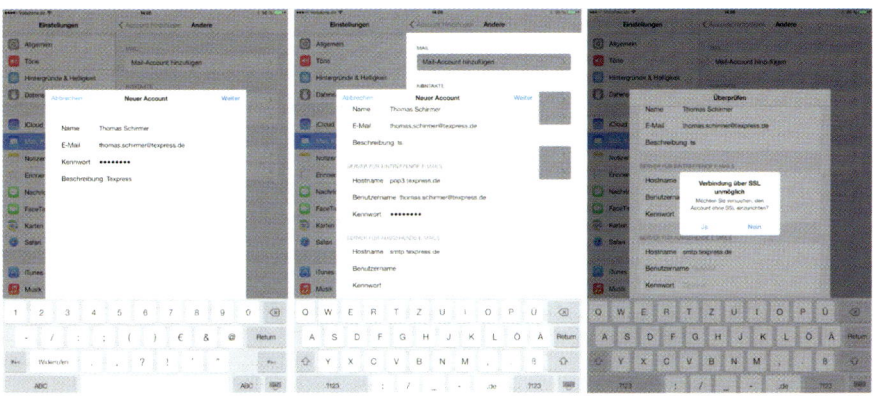

Ist der Anbieter nicht in der Liste enthalten, müssen Sie die Serveradressen selbst eintragen.

So haben Sie all Ihre Mails im Überblick

Mail gehört zu den Apps, die sich im Hoch- und Querformat etwas unterschiedlich verhalten. Das betrifft in diesem Fall aber nur die Darstellung. Die Funktionalität ist in beiden Formaten völlig identisch. Im Querformat werden Ihnen in *Mail* die E-Mail-Übersicht und der Inhaltsbereich immer zusammen angezeigt, im Hochformat füllt der Inhalt einer Mail immer den ganzen Bildschirm, und Sie müssen die Übersichtsliste bei Bedarf über den Eintrag *Alle* einblenden.

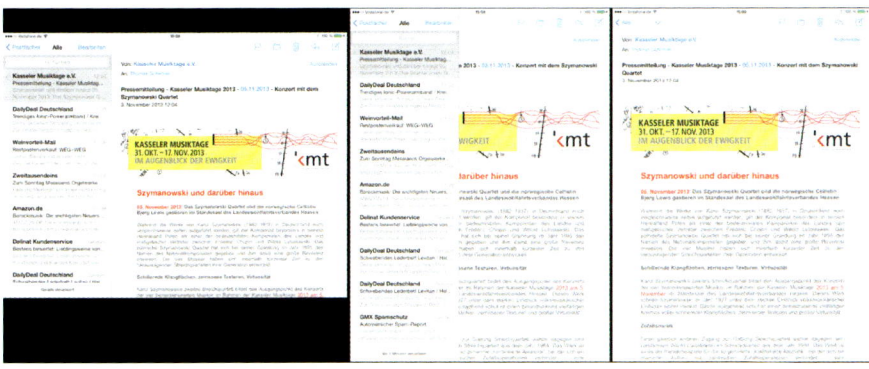

Mail *verhält sich im Hoch- und Querformat unterschiedlich.*

Alle wichtigen Bedienelemente sind in *Mail* blau gekennzeichnet und werden Ihnen oben direkt unterhalb der Statusleiste angezeigt.

Die wichtigsten Bedienelemente von **Mail** *im Überblick.*

Von der Mail-Liste aus können Sie über den Eintrag *Postfächer*, der sich links oben befindet, zur Übersicht Ihrer Postfächer wechseln. Dort angekommen, können Sie die Postfächer einzeln öffnen und haben unter *Accounts* Zugriff auf die E-Mails, die Sie mit diesem Postfach empfangen, gesendet oder gelöscht haben.

Am praktischsten ist es jedoch, wenn Sie sich mit dem Eintrag *Alle* die Posteingänge aller Accounts auf einmal im Posteingang anzeigen lassen. Außerdem haben Sie hier die Möglichkeit, die E-Mails wichtiger Personen in der *VIP-Liste* zu sammeln, über die Sie dann einen schnellen Zugriff haben.

Tippen Sie auf den Eintrag *VIP hinzufügen*, können Sie Personeneinträge aus der *Kontakte*-App direkt übernehmen.

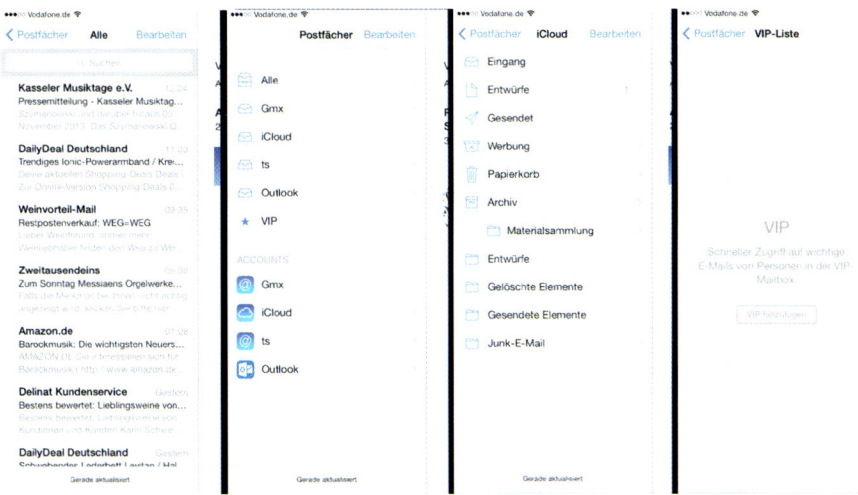

Sie können sich Ihre Postfächer und Accounts einzeln anzeigen lassen und eine **VIP-Liste** *mit wichtigen E-Mail-Kontakten füllen.*

E-Mail-Nachricht an einen Empfänger senden

Das Versenden einer E-Mail ist mit *Mail* sehr einfach getan: Sie tippen in der Mail-Ansicht auf das Symbol *Neue Mail* und bekommen die virtuelle Tastatur und ein leeres E-Mail-Fenster angezeigt.

Tragen Sie zuerst die E-Mail-Adresse des Empfängers ein. Um das zu vereinfachen, wird Ihnen bereits nach Eingabe des ersten Buchstabens der passende Auszug aus Ihrem Kontaktverzeichnis eingeblendet. Wählen Sie dort den gewünschten Kontakt aus oder geben Sie die Adresse weiter ein. Ist die E-Mail-Adresse vollständig, können Sie auf gleiche Weise auch noch weitere E-Mail-Adressen in die *An*-Zeile eintragen.

➊ Sollen andere Personen eine Kopie der E-Mail bekommen, tippen Sie auf die Zeile *Kopie/Blindkopie* und tragen deren E-Mail-Adresse dort ein.

➋ Dabei öffnet sich auch die Zeile *Account*, in der Sie ein anderes E-Mail-Konto als das Standardkonto auswählen können, wenn Sie mehrere Konten eingerichtet haben.

❸ Tragen Sie nun in die Betreffzeile den Betreff Ihrer E-Mail-Nachricht ein. Das ist wichtig, da E-Mails ohne Betreff von den meisten Filtern als „Spam", also als unerwünschte E-Mails, angesehen und aussortiert werden.

❹ Geben Sie den Text Ihrer E-Mail ein und tippen Sie rechts oben auf den Eintrag *Senden*.

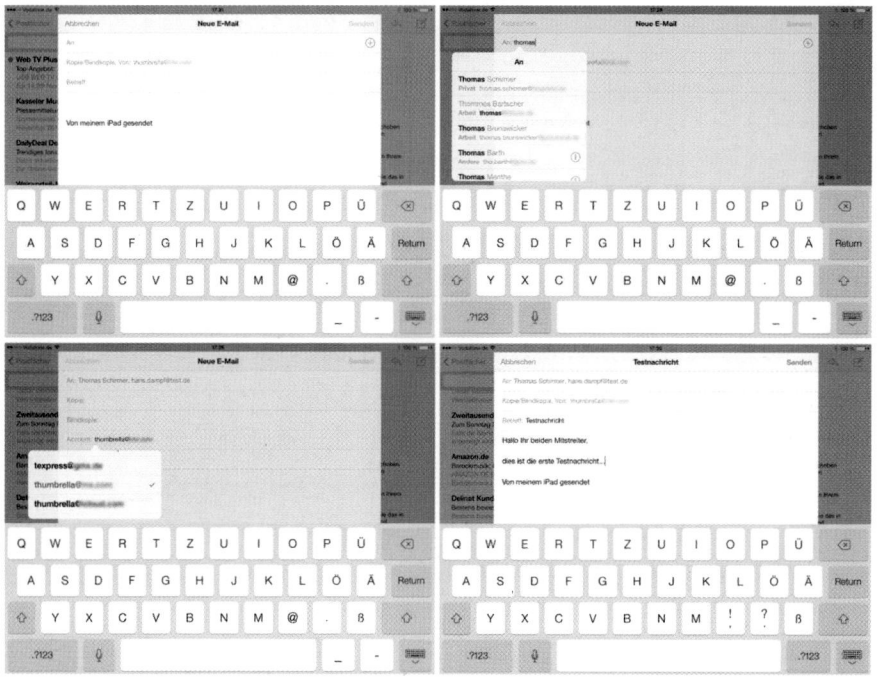

So adressieren und verfassen Sie eine E-Mail.

Das war's, Ihre E-Mail wird verschickt. Wie Ihnen sicher auffällt, enthält die E-Mail die Signatur *Von meinem iPad gesendet*, die automatisch eingefügt wird. Sie können diese Signatur über den Navigationseintrag *Mail, Kontakte, Kalender* in den *Einstellungen* ändern oder komplett abschalten.

Anhänge lassen sich nur aus anderen Apps heraus per Mail versenden

Vielleicht ist Ihnen aufgefallen, dass es bei *Mail* keine Option zum Hinzufügen von Anhängen gibt. Da beim iPad kein Dateisystem wie auf einem Computer vorhanden ist, ist dies so nicht möglich. Der Mailversand von Dateien erfolgt immer aus der App heraus, mit der Sie diese anschauen oder generieren. Wollen Sie etwa ein Foto per Mail verschicken, erledigen Sie das über das Teilen-Symbol der App *Fotos*.

E-Mails empfangen, beantworten und weiterleiten

E-Mails, die Sie erhalten, werden Ihnen in der Mailansicht angezeigt, die daher auch als *Posteingang* bezeichnet wird. Ungelesene Mails sind dort mit einem blauen Punkt gekennzeichnet. Über den Bereich *Postfächer* legen Sie fest, welche Postfächer Ihnen im Posteingang gezeigt werden – falls Sie überhaupt mehrere Postfächer eingerichtet haben. *Mail* weist Sie mit einem Hinweiston und einem kleinen roten Kreis mit einer Zahlenangabe am *Mail*-Symbol darauf hin, dass neue E-Mails eingetroffen sind.

*Der kleine rote Kreis am **Mail**-Symbol zeigt Ihnen an, dass zwei neue E-Mails eingetroffen sind.*

Posteingang manuell aktualisieren

Sie müssen nicht darauf warten, dass Ihr iPad den Posteingang von Zeit zu Zeit aktualisiert. Sie können auch selbst nachschauen, ob neue E-Mails auf Ihrem E-Mail-Server eingetroffen sind, indem Sie den Posteingang von Hand aktualisieren. Das ist beinahe wörtlich zu nehmen. Um den Posteingang zu aktualisieren, ziehen Sie nämlich die Mail-Liste mit einem Finger ein paar Zentimeter nach unten und heben ihn dann an.

Tippen Sie in der Mail-Liste auf den Eintrag einer Mail, bekommen Sie deren Inhalt angezeigt – im Querformat im Inhaltsbereich, im Hochformat auf dem kompletten Bildschirm.

Die E-Mail-Adresse des Absenders können Sie direkt in Ihr Kontaktverzeichnis übernehmen, wenn Sie Ihren Finger einen Moment auf der Adressangabe ruhen lassen.

Es erscheint dann das Fenster *Absender,* das Ihnen die Optionen *Neuen Kontakt erstellen* und *Zu Kontakt hinzufügen* anbietet – Letzteres für den Fall, dass Sie den Namen bereits verzeichnet haben und die E-Mail-Adresse ergänzen möchten.

Über die Symbole rechts oben im Fenster können Sie dem oder den Absendern direkt antworten (*Antworten, Alle antworten*) oder die E-Mail an andere Empfänger weiterleiten. Tippen Sie auf das Symbol *Bewegen,* können Sie die E-Mail in einem der Postfächer ablegen, die zu Ihrer E-Mail-Adresse gehören. Mit einem Tipp auf das Papierkorbsymbol löschen Sie die E-Mail.

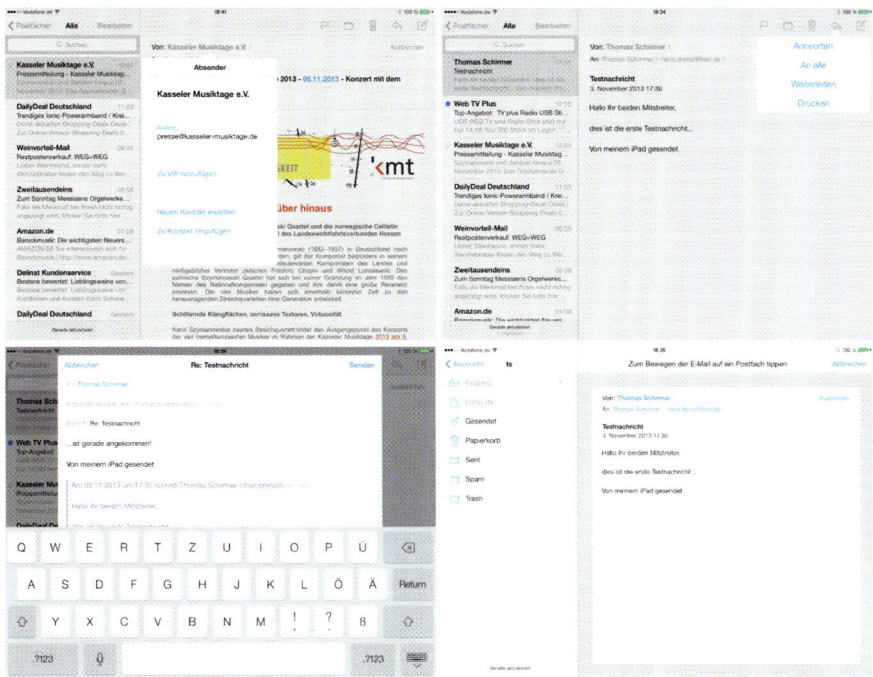

Sie können die Adresse eines Absenders in Ihr Kontaktverzeichnis übernehmen, dem Absender direkt antworten oder die Mail weiterleiten, bewegen oder löschen.

Posteingang aufräumen

Leider ist ein großer Teil der Mails, die Sie bekommen, unnütze Werbung, die Ihr Postfach trotz intensiver Filtermaßnahmen der E-Mail-Dienstanbieter erreicht. Um den Überblick zu behalten, sollten Sie es sich zur Regel machen, Ihr Postfach alle paar Tage aufzuräumen und alle jene Mails zu löschen, die Sie nicht mehr benötigen oder die ohnehin nur Werbemüll sind.

Am schnellsten können Sie das bewerkstelligen, wenn Sie sich die Mail-Liste anzeigen lassen und in den Bearbeitungsmodus schalten. Sie tippen dazu auf den Eintrag *Bearbeiten* und können dann gleich mehrere Mails auf einmal markieren und zusammen löschen oder bewegen.

Alternativ können Sie auch einzelne Mails schnell löschen oder bearbeiten, wenn Sie von rechts nach links über den Eintrag wischen. Es erscheinen dann die beiden Einträge *Löschen* und *Mehr*. Tippen Sie auf *Mehr*, können Sie die Mail weiterleiten, beantworten oder wieder als ungelesen markieren.

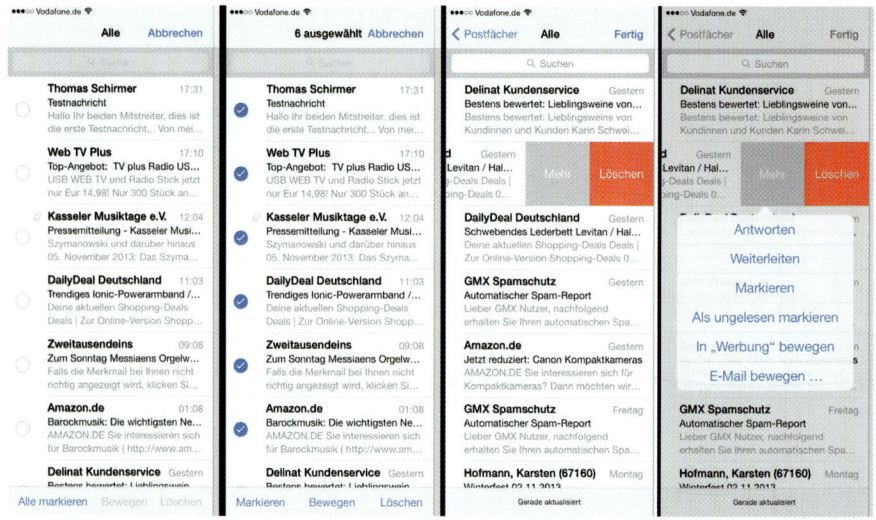

Räumen Sie Ihren Posteingang regelmäßig auf und löschen Sie alle Mails, die überflüssig sind.

7.3 Nachrichten

Die App *Nachrichten*, die Sie ebenfalls über die Home-Leiste aufrufen, ist eine Verbindung des herkömmlichen SMS-Diensts und des Apple-Diensts *iMessage*, die beide für einfache Textnachrichten zuständig sind. Zwischen Apple-Nutzern, die bei iCloud registriert sind, ist der Austausch von Textnachrichten und Fotoanhängen immer kostenlos. Schicken Sie eine Nachricht an die Mobilfunknummer von Personen, die nicht bei Apple registriert sind, fallen dabei die üblichen SMS-Gebühren an.

Über iCloud werden Ihre Nachrichtendialoge mit allen Geräten synchronisiert, auf denen Sie sich mit Ihrer Apple-ID anmelden. So könnten Sie eine Unterhaltung, die Sie auf Ihrem iPad beginnen, auf Ihrem iPhone fortsetzen.

So schicken Sie jemandem eine Textnachricht

Möchten Sie jemandem eine Textnachricht zukommen lassen, rufen Sie die *Nachrichten*-App auf und tippen in der Adresszeile *An* entweder auf das Pluszeichen und wählen den Empfänger in Ihrem Kontaktverzeichnis aus, oder Sie tragen dessen Namen oder Telefonnummer direkt in die Zeile ein. Während der Eingabe bekommen Sie passende Einträge aus dem Kontaktverzeichnis angeboten. Ist das erledigt, geben Sie den Text Ihrer Nachricht in die Textzeile ein und tippen auf *Senden*.

Die Textnachricht ist nicht auf eine bestimmte Anzahl von Zeichen begrenzt, dennoch sollten Sie sich kurzfassen, weil Ihre Nachricht unter Umständen in mehrere SMS-Nachrichten aufgeteilt wird. Für längere Texte sind E-Mails besser geeignet.

Die Antwort des Empfängers erscheint im gleichen Dialogfeld. Tippen Sie auf das Kamerasymbol, können Sie Ihren Nachrichten Fotos aus der App *Fotos* hinzufügen. Tippen Sie auf den Eintrag *Bearbeiten* oder wischen Sie von rechts nach links über einen Eintrag, können Sie einzelne Einträge löschen.

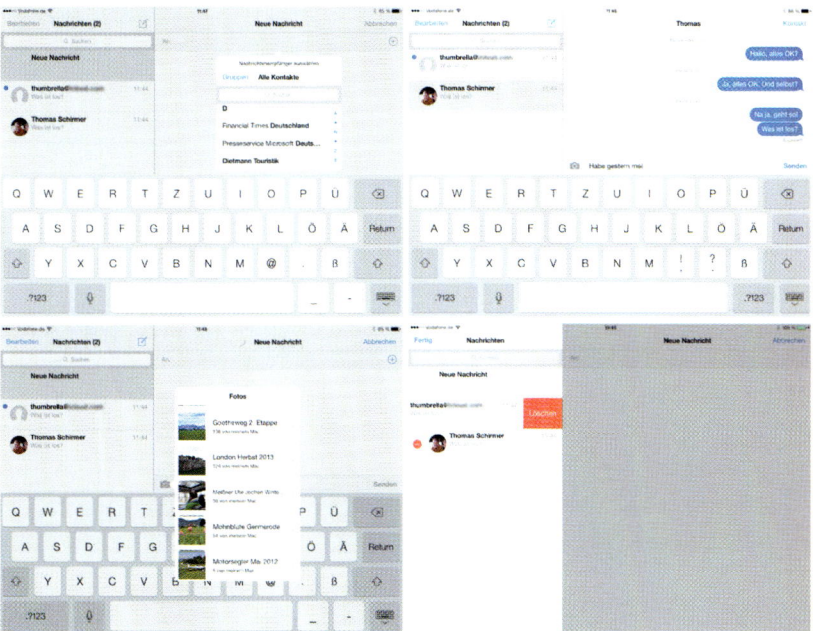

7.4 Siri

Da es in diesem Kapitel vor allem um das Thema Internet geht, darf natürlich auch ein Hinweis auf Siri, das Sprachdialogsystem Ihres iPads, nicht fehlen. Sie haben Siri ja bereits weiter oben kurz kennengelernt. Auch Siri benötigt eine Internetverbindung, da Ihre Spracheingaben nicht von Ihrem iPad selbst, sondern von einem Apple-Server irgendwo auf dieser Welt erkannt und interpretiert werden. Es ist daher umso erstaunlicher, wie zügig Siri reagiert.

So nehmen Sie mit Siri Kontakt auf

Wie Sie vielleicht noch wissen, starten Sie Siri, indem Sie den Home-Knopf etwas länger drücken. Sagen Sie dann nichts, zeigt Siri Ihnen viele Beispiele für Fragen, die Sie stellen, oder Anweisungen, die Sie geben können: „Weck mich in 8 Stunden!“, „Öffne Fotos!“, „Wie komme ich nach Hause?“, „Mach den Bildschirm heller!“, „Wie groß ist der Bodensee?“, „FaceTime Tobias!“, „Erstelle einen Termin um 18 Uhr!“ und vieles mehr.

Sie können Siri also sowohl zum Steuern der Einstellungen Ihres iPads und einzelner Apps als auch zum Nachschlagen im Internet verwenden. Siri nutzt Google oder andere Suchmaschinen, um Ihre Wissensfragen zu beantworten. Gleichzeitig kennt es Ihren Standort und Ihren Heimatort und kann Ihnen in Verbindung mit der *Karten*-App den Weg nach Hause weisen.

Siri nimmt Ihnen auch Schreibarbeiten ab und arbeitet zum Beispiel eng mit *Safari*, *Mail* und *Nachrichten* zusammen. Sie sagen: „Schicke eine Nachricht an Andreas Hein“, und Siri antwortet: „Okay, ich kann eine Nachricht an Andreas Hein schicken ... Was möchtest du sagen?“. Sie diktieren den Inhalt, Siri wiederholt und fragt, ob Sie die Nachricht senden, prüfen oder ändern möchten. Ist alles okay, müssen Sie nur noch „Senden“ sagen, und die Sache ist erledigt.

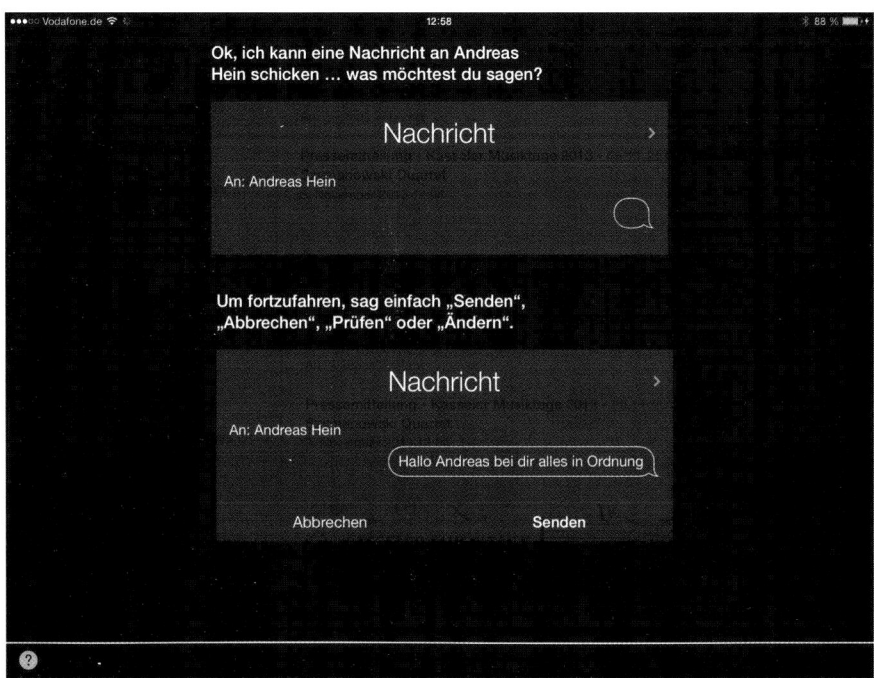

Siri nimmt Ihnen auch Schreibarbeiten ab.

Das Diktieren von Nachrichten oder Mails erfordert eine gewisse Routine. Sie müssen vor allem daran denken, die Satzzeichen mit zu diktieren. Nach ein wenig Übung kann Ihnen Siri aber ein zuverlässiger Helfer sein.

Probieren Sie Siri immer wieder aus und tasten Sie sich an viele unterschiedliche Einsatzmöglichkeiten von Siri heran. Und Siri macht es Ihnen wirklich leicht! Fragen Sie Siri doch einmal: „Siri, wer ist der oder die Schönste im ganzen Land?" und werten Sie die Antwort als vertrauensbildende Maßnahme.

7.5 Kontakte und Termine übernehmen

Jetzt noch zur Einlösung einer Bringschuld – zur Übernahme von Kontakten und Terminen, die Sie auf anderen Geräten gespeichert haben. Da Sie sich mit diesen Geräten ja bereits auskennen, bekommen Sie die Anweisungen hier in Kurzform.

Daten von einem alten iPad übernehmen

Der einfachste Fall zuerst. Haben Sie ein neues iPhone oder iPad angeschafft und verwalten die Kontakte und Termine Ihres alten iPhones oder iPads auch auf einem PC oder Mac, erfolgt die Übertragung der vorhandenen Kontakt- und Termininformationen beinahe vollautomatisch über das Verwaltungsprogramm iTunes, das auf Ihrem PC oder Mac installiert ist, oder komplett vollautomatisch per WLAN über iCloud.

iTunes erledigt die Datensynchronisation.

iTunes ist auch ein Verwaltungsprogramm für Ihr iPad

iTunes ist nicht nur ein Verkaufsportal für Musik, Videos, Apps und E-Books, sondern auch ein Verwaltungsprogramm, das Sie beispielsweise für die Datensicherung und die Verwaltung der Apps Ihres iPads, das Anordnen der App-Symbole und das Übertragen von Fotos und anderen Dokumenten auf Ihr iPad einsetzen können. Falls Sie einen Mac haben, ist iTunes ohnehin mit dabei, sodass Sie Ihr iPad nur anzuschließen brauchen. Haben Sie einen Windows-PC, müssen Sie iTunes zuvor von der Apple-Homepage (*apple.de*) herunterladen und installieren.

Bei der Ersteinrichtung Ihres neuen iPads werden Sie von iTunes gefragt, ob und wie Sie Kontakte und Kalendereinträge mit dem neuen Gerät synchronisieren möchten. Zur Auswahl stehen Ihnen dann diverse Quellen wie Microsoft Outlook, iCal und die Kontaktverwaltung von Apple. Sie können sich aber auch für iCloud, den Onlinespeicherdienst von Apple, entscheiden. iCloud sorgt dann automatisch dafür, dass die Kontakt- und Termininformationen auf allen Geräten, die Sie verwenden, auf dem gleichen Stand gehalten werden.

Egal für welche Kontakt- und Terminquelle Sie sich bei der Ersteinrichtung entscheiden – alle bereits vorhandenen Informationen werden auf das neue iPad übertragen und in den Apps *Kontakte* und *Kalender* angezeigt.

Sonderfall Google-Dienste

Verwalten Sie Ihre Kontakte und Termine mit Google Kalender und anderen Google-Diensten, können Sie darauf direkt mit der *Google-App für iPad* zugreifen, die Ihnen im App Store kostenlos zur Verfügung steht.

Das iPad mit Google-Diensten verknüpfen

Da Android-Geräte von Haus aus immer mit einem Google-Konto verknüpft sind, erfolgt auch die Übertragung von Kontakt- und Termininformationen über die entsprechenden Google-Dienste. Möchten Sie nicht die bereits erwähnte Google-App verwenden, verknüpfen Sie die Apps *Kontakte* und *Kalender* Ihres neuen iPhones oder iPads mit den Google-Diensten.

Kontakt synchronisieren

Ihre Google-Kontaktdaten synchronisieren Sie mithilfe des Standardformats CardDAV, das auch den ständigen Datenabgleich ermöglicht. Dank CardDAV sind alle Geräte, auf denen Sie Ihr CardDAV-Konto nutzen, immer auf dem gleichen Stand.

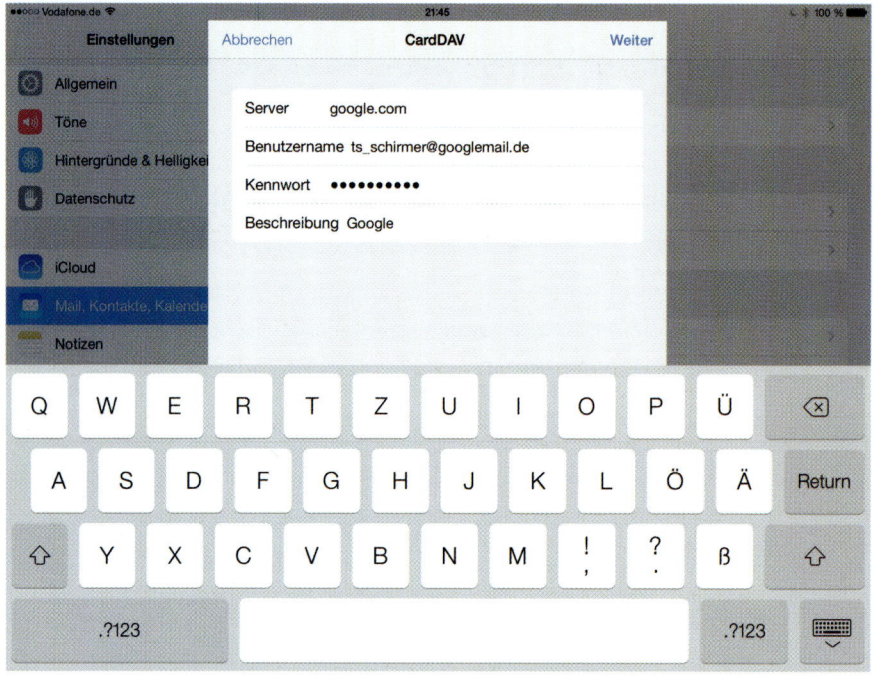

*Über **CardDAV** können Sie Ihre Google-Kontakte mit Ihrem iPad übernehmen und synchronisieren.*

Um CardDAV auf dem iPhone/iPad einzurichten, gehen Sie auf folgende Weise vor:

❶ Öffnen Sie die *Einstellungen* Ihres iPads, wählen Sie den Bereich *Mail, Kontakte, Kalender* und tippen Sie auf den Eintrag *Account hinzufügen*.

❷ Wählen Sie den Eintrag *Andere*, tippen Sie auf den Eintrag *CardDAV-Account hinzufügen* und tragen Sie die Zugangsdaten für Ihr Google-Konto ein: Geben Sie im Feld *Server* „google.com", im Feld *Benutzername* Ihre vollständige Google-E-Mail-Adresse und im Feld *Kennwort* das dazugehörige Kennwort ein. Im Feld *Beschreibung* erscheint automatisch die Angabe *Google*, die Sie übernehmen oder ändern können.

❸ Tippen Sie auf die Schaltfläche *Weiter*. Das Gerät verbindet sich mit dem Google-Konto und meldet schließlich, dass die Einrichtung abgeschlossen ist.

Das war's auch schon. Die Synchronisierung der Kontakteinträge startet automatisch, wenn Sie die App *Kontakte* öffnen.

Kalender synchronisieren
Ihre Google-Kalender übernehmen Sie auf ganz ähnliche Weise auf Ihr neues iPhone oder iPad:

❶ Öffnen Sie die *Einstellungen* Ihres iPads, wählen Sie den Bereich *Mail, Kontakte, Kalender* und tippen Sie auf den Eintrag *Account hinzufügen*.

❷ Wählen Sie *Google Mail* und tragen Sie die Zugangsdaten für Ihr Google-Konto ein.

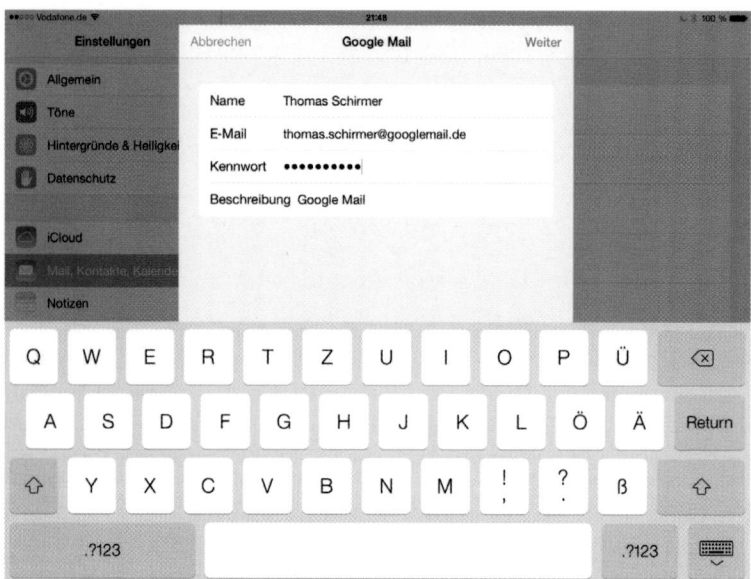

Über Ihr Google-Konto können Sie auch die Kalendereinträge synchronisieren.

❸ Tippen Sie auf *Weiter*. Das Gerät verbindet sich mit Ihrem Google-Konto und meldet nach einiger Zeit, dass die Einrichtung abgeschlossen ist.

Die Synchronisierung Ihres Google-Kalenders mit Ihrem neuen iPad startet automatisch, wenn Sie die App *Kalender* öffnen.

Daten vom Windows-PC auf das iPad holen

Steigen Sie von einem Windows Phone um oder verwalten Sie Ihre Termine und Kontakte mit einem Windows-PC, haben Sie gleich mehrere Möglichkeiten, vorhandene Kontakte und Termine auf Ihr iPad zu bekommen.

Der Umweg über Outlook ist die einfachste Möglichkeit, Kontakt- und Termininformationen zu übernehmen: Bei der Ersteinrichtung Ihres iPhones oder iPads geben Sie in iTunes einfach an, dass Sie Kontakte und Termine aus Outlook übernehmen möchten. Jedes Mal, wenn Sie das Gerät mit Ihrem PC verbinden, synchronisiert iTunes dann automatisch die Outlook-Daten beider Geräte.

Kontakt- und Kalendereinträge können Sie auch über Ihr Windows-Live-oder Microsoft-Konto auf das iPad holen. Eines dieser Konten haben Sie ja für Ihr Windows Phone oder Ihren Windows-PC auf jeden Fall eingerichtet.

Um die Informationen auf Ihr Apple-Gerät zu übertragen, öffnen Sie dort die *Einstellungen*, fügen über den Bereich *Mail, Kontakte, Kontakte* ein Office.com-Konto hinzu und geben dafür die Zugangsdaten Ihres Windows-Live-oder Microsoft-Kontos ein.

Ist das Konto überprüft, legen Sie fest, welche Angaben übernommen werden sollen, und klicken auf *Sichern*.

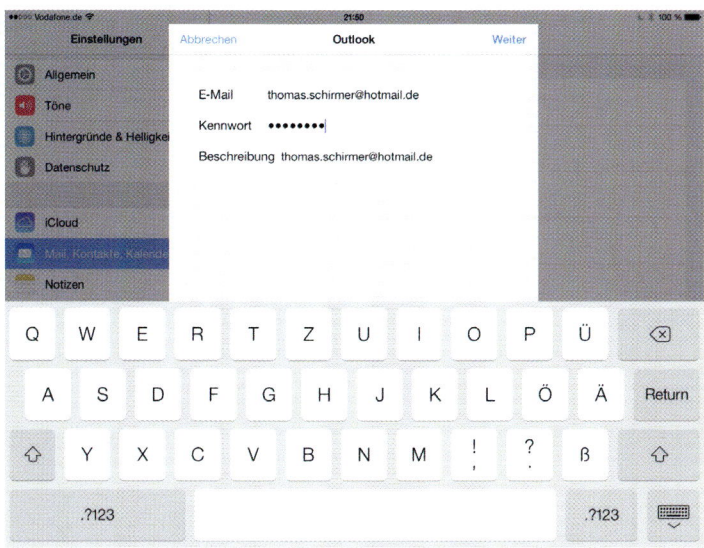

Termin- und Kontaktinformationen gelangen über Ihr Microsoft-Konto auch auf Ihr iPad.

Alles synonym bei Microsoft

Etwas verwirrend ist vielleicht, dass die Bezeichnungen Hotmail-, Windows-Live-, Outlook.com- und Microsoft-Konto Synonyme sind. Auch wenn in der Auswahlliste Ihres iPads nur das Konto *Office.com* angegeben ist, können Sie sich über diesen Eintrag mit Ihren anderen Microsoft-Konten dort anmelden.

7.6 Einkaufen im App Store und mit iTunes

Ihr iPad ist auch eine Vertriebsplattform für Musik- und Videodateien und vor allem für Programmanwendungen – die Apps, um die es in diesem Kapitel geht. Musik, Videos und Apps können nur über das Internetverkaufsportal iTunes oder den internen App Store auf Ihr iPad gelangen. In diesem Kapitel erfahren Sie, wie Sie Apps aus dem App Store und über iTunes laden, wie Sie sich im App Store zurechtfinden.

Erst durch Apps wird Ihr iPad zu Ihrem individuellen und unverzichtbaren Begleiter.

Wenn Sie eine App auf Ihr iPad laden möchten, gibt es dafür nur zwei Möglichkeiten: Entweder schließen Sie Ihr iPad mit dem dazugehörigen USB-Kabel an Ihren Computer (Mac oder PC) an und verwenden iTunes zum Aussuchen und Übertragen der App, oder Sie nutzen die *App Store*-App Ihres iPhones.

iTunes auf Mac und PC fast identisch

Auch wenn die die beiden iTunes-Versionen für Mac und Windows-PC den Gepflogenheiten der unterschiedlichen Betriebssysteme angepasst sind, sind sie fast identisch und auf gleiche Weise zu bedienen. Größter Unterschied ist, dass Programmmenü von iTunes bei der Windows-Version in das Programmfenster integriert ist.

Die Direktverbindung zum App Store

Die *App Store*-App ist Ihre Direktverbindung zum App Store. Wenn Sie die *App Store*-App über den Home-Bildschirm Ihres iPads starten, können Sie sich im App Store über neue Apps informieren, sich die beliebtesten kostenpflichtigen und kostenlosen Apps anzeigen lassen und gezielt nach bestimmten Apps suchen.

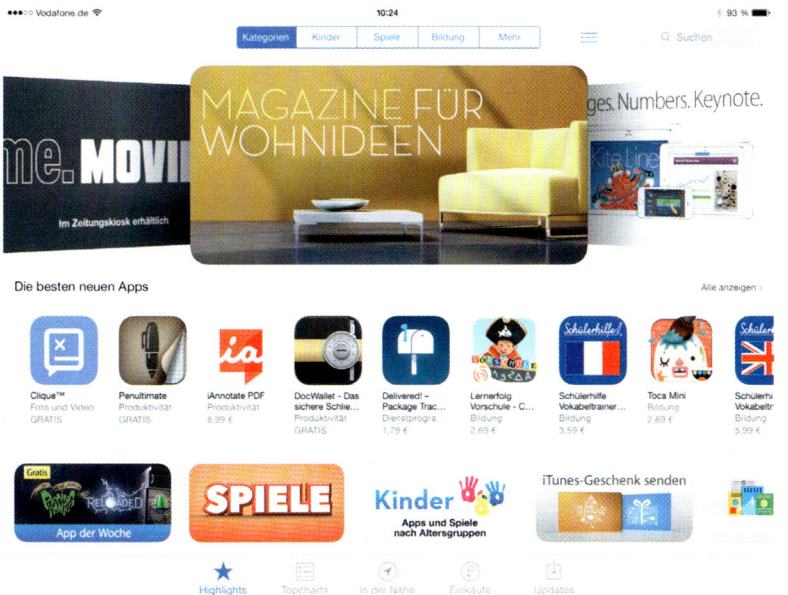

*Die **App Store**-App verbindet Ihr iPad direkt mit dem App Store.*

Haben Sie eine interessante App gefunden, können Sie sie direkt auf Ihr iPad
übertragen.

iTunes ist Verwalter und App-Lieferant

Anders als mit der *App Store*-App, mit der Sie nur auf den App Store zugreifen, können Sie mit iTunes Ihr iPad komplett verwalten. Der App Store ist
nur ein kleiner Teilbereich von iTunes. Sobald Sie Ihr iPad per USB-Kabel
mit Ihrem Computer verbinden, erscheint iTunes automatisch auf dem
Computerbildschirm.

iTunes ist auf einem PC nicht vorhanden und muss installiert werden

iTunes kann natürlich nur dann automatisch erscheinen, wenn es auf
dem Computer vorhanden ist. Bei einem Mac ist das immer der Fall,
da iTunes zum Betriebssystem Mac OS X gehört. Wenn Sie einen
Windows-PC verwenden, müssen Sie iTunes zuvor aus dem Internet
von der Apple-Homepage (*apple.de*) herunterladen und auf dem PC
installieren.

So verwalten Sie Ihr iPad mit iTunes

Mit einem Klick auf den Geräteeintrag Ihres iPads in der Navigationsleiste
von iTunes öffnen Sie den Verwaltungsbereich. Über die Auswahlschalt-
flächen der oberen Navigationsleiste öffnen Sie die verschiedenen Inhaltsbereiche (*Infos, Apps, Töne, Musik, ...*) und können z. B. die Musik-, Vi-
deo- und Fotoauswahl bestimmen, mit der Sie Ihr iPad bestücken möchten.
Klicken Sie in der Leiste auf die Schaltfläche *Apps*, öffnet sich der App-Ver-
waltungsbereich, in dem Sie z. B. festlegen, welche der bereits vorhandenen
Apps auf Ihrem iPad installiert oder welche von dort entfernt werden sollen.
In der Home-Bildschirmvorschau können Sie außerdem die App-Symbole
sehr einfach mit der Maus neu sortieren und in Ordnern zusammenfassen.

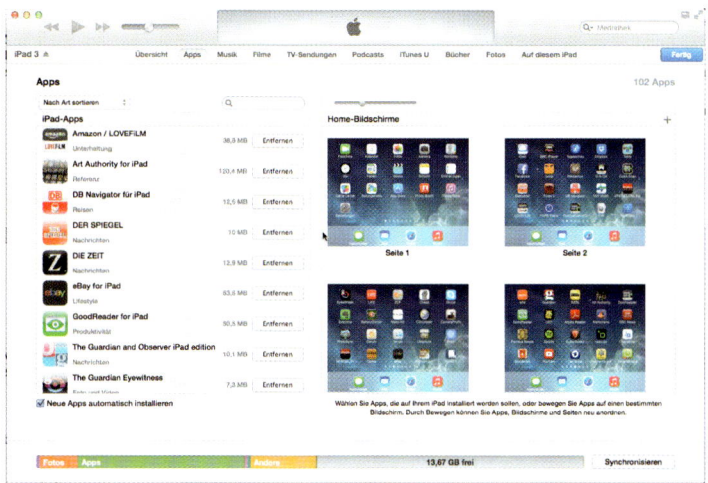

*Im **App**-Bereich von iTunes verwalten Sie die vorhandenen Apps und bestimmen die App-Belegung Ihres iPads.*

Apps mit iTunes laden

Wollen Sie eine neue App laden, benutzen Sie dafür auch bei iTunes den App Store, der dort allerdings Teil des iTunes Store ist. Um zum App Store zu gelangen, klicken Sie in der Navigationsleiste auf den Eintrag *Fertig* und wählen in der oberen Leiste die Einträge *iTunes* und *App Store*. Bei iTunes wird der App Store deutlich übersichtlicher angezeigt als auf Ihrem iPad.

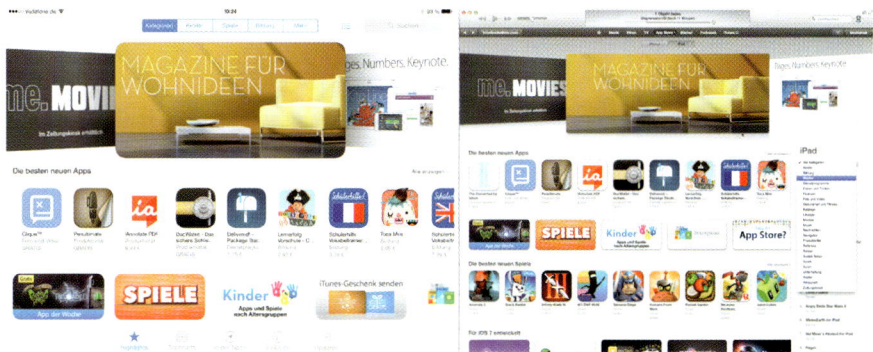

*Der App Store im Direktvergleich – links in der **App Store**-App, rechts in iTunes.*

7.7 Suchen und schnelles Finden mit der App-Suche

Bei dem riesigen Angebot an Apps ist es für Sie völlig unmöglich, einen Überblick darüber zu haben, was im App Store eigentlich alles angeboten wird. Wenn Sie einigermaßen genau wissen, welche App oder zumindest welche Art von App Sie benötigen, führt Sie die Suchfunktion zu einer Auswahl ähnlicher Apps. Wollen Sie sich lediglich einmal umschauen, hilft nur intensives und damit zeitaufwendiges Stöbern. Orientierung geben Ihnen dabei Inhaltsbereiche wie *Neu und beachtenswert*, wo interessante Neuerscheinungen vorgestellt werden. Auch die *Top-Charts*, in denen die meistgeladenen, meistgekauften und umsatzstärksten Apps zusammengefasst sind, können Ihnen bei der Auswahl helfen. Und natürlich können Sie in den Einzelkategorien des App Store auf Ihre eigene Entdeckungsreise gehen.

Die App-Suche haben Sie bereits kurz kennengelernt. Mit der Suchfunktion können Sie im App Store schnell und einfach passende Apps finden, wenn Sie Titelbegriffe, Herstellernamen, Schlagwörter oder eine Kombination daraus eingeben. Kennen Sie den Titel einer App, die Sie gern laden möchten, oder wissen ziemlich genau, welche Art von App Sie laden möchten, führt Sie die App-Suche schnell zum Ziel.

Geben Sie auch englische Suchbegriffe ein

Wenn Sie bei Ihrer Sucheingabe Schlagwörter verwenden und kein oder nur ein mageres Suchergebnis angezeigt bekommen, geben Sie englische Suchbegriffe ein. Sie bekommen dann oft nicht nur englischsprachige Apps angezeigt, sondern auch Apps, die in einer deutschen Sprachversion vorliegen, für die aber keine deutschen Schlagwörter hinterlegt sind.

Apps aus iTunes heraus suchen

Mit iTunes erledigen Sie die Suche nach geeigneten Apps schnell und komfortabel – wobei der Komfort vor allem in der Übersichtlichkeit besteht.

Durch eine bessere Übersicht kommen Sie nicht nur schneller zum Ziel, sondern entdecken ganz nebenbei vielleicht auch noch weitere Apps, die Sie interessieren.

Bereits bei der Eingabe eines Suchbegriffs bekommen Sie Suchbegriffe angeboten, die andere Nutzer des App Store häufig verwendet haben. Ist etwas Passendes dabei, tippen Sie auf den Eintrag in der Auswahlliste, wenn nicht, geben Sie Ihren Suchbegriff komplett ein und drücken die [Enter]-Taste. Sofort erscheint das Suchergebnis, das in die beiden Bereiche *iPhone Apps* und *iPad Apps* unterteilt ist. Klicken Sie im iPad-Bereich auf *Alle anzeigen*, erhalten Sie eine große Auswahl passender Apps.

Die Auswahl passender Apps ist meist sehr groß.

Schauen Sie sich die vorgeschlagenen Apps nun ein wenig genauer an: Ein Klick auf ein App-Symbol öffnet die Detailbeschreibung, mit einem Klick auf die linke Navigationsschaltfläche gelangen Sie zurück zur App-Übersicht. Die Kundenrezensionen und die Art und Anzahl der Kundenbewertungen in den Detailbeschreibungen sind eine gute Orientierungshilfe.

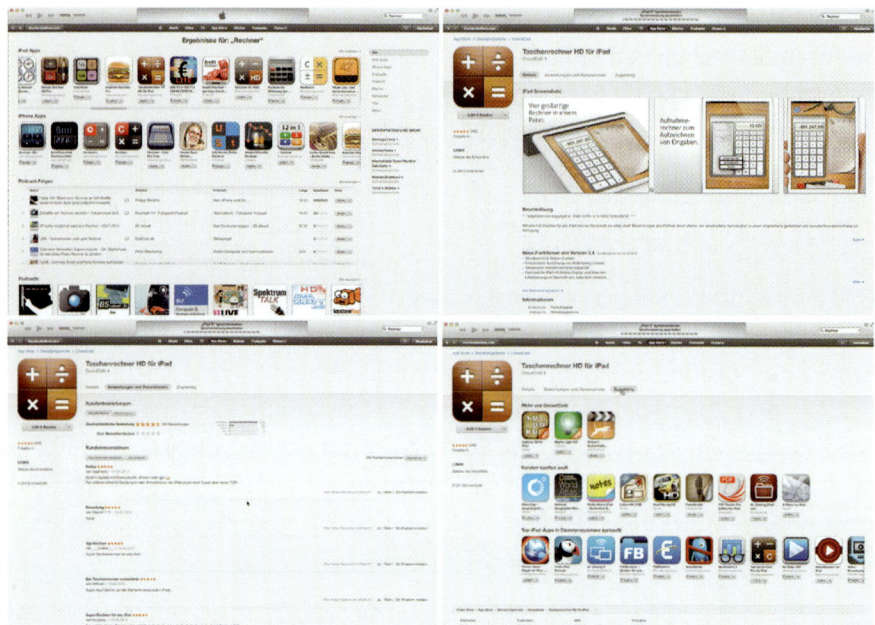

In den Detailbeschreibungen geben auch die **Bewertungen und Rezensionen** *gute Hinweise.*

Achten Sie darauf, was andere Kunden kaufen

In der Detailbeschreibung zu einer App gibt es unter *Zugehörig* den Bereich *Kunden kauften auch*. Dort wird Ihnen angezeigt, welche anderen kostenlosen und kostenpflichtigen Apps Kunden geladen haben, die sich ebenfalls für diese App entschieden. Manchmal kann diese Information sehr nützlich sein, da Sie so Hinweise auf interessante Apps bekommen, nach denen Sie nie aktiv gesucht hätten.

Haben Sie eine interessante App gefunden, laden Sie sie mit einem Klick auf die *Kaufen-* oder *Gratis*-Schaltfläche, die sich in der Detailansicht unter und in der App-Übersicht rechts neben dem App-Symbol befindet.

Apps vom iPad aus suchen

Die *App Store*-App Ihres iPads stellt Ihnen natürlich auch eine App-Suche zur Verfügung, mit der Sie schnell passende Apps finden und laden können. Wenn Sie den App Store über den Home-Bildschirm aufrufen, wird Ihnen das Eingabefeld für die Suche rechts oben angezeigt. Dort tippen Sie hinein und tragen Ihren Suchbegriff ein. Während der Eingabe bekommen Sie Suchvorschläge angezeigt.

Passt ein Eintrag, tippen Sie ihn an, ist kein passender Eintrag dabei, geben Sie Ihren Suchbegriff komplett ein und tippen in der virtuellen Tastatur auf die *Suchen*-Taste. Auf Ihrem Bildschirm erscheint eine lange Liste mit großen Vorschaubildern, die Sie mit einem Finger scrollen können. Tippen Sie auf einen Listeneintrag, erscheint ein Fenster mit der Detailbeschreibung, in der Sie sich über die Einträge *Details*, *Rezensionen* und *Zugehörig* umfassend über die App informieren können. Unter *Zugehörig* finden Sie hier wieder den Bereich *Kunden kauften auch.*

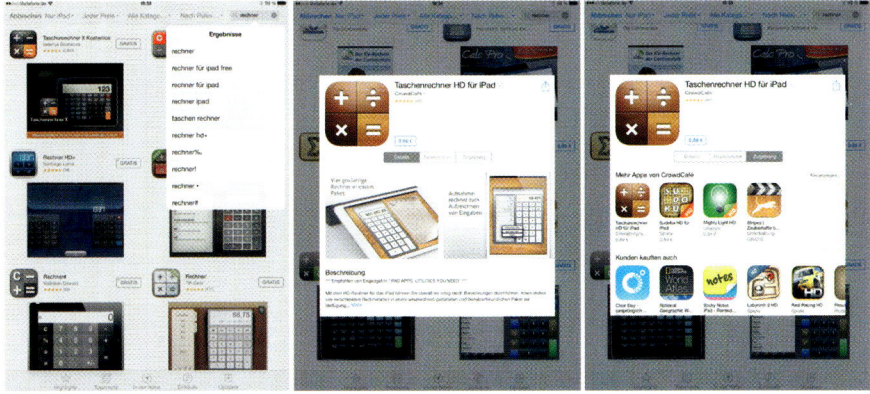

*Die **App Store**-App zeigt Ihnen auch alle relevanten Informationen.*

Haben Sie eine interessante App gefunden, laden Sie sie auch hier mit einem Klick auf die *Kaufen*- oder *Gratis*-Schaltfläche, die sich in der Detailansicht und in der App-Übersicht rechts neben dem App-Symbol befindet.

Stöbern im App Store birgt Suchtgefahr

Wesentlich ergiebiger und interessanter als die App-Suche per Suchfunktion ist das Stöbern im App Store. Aber Vorsicht: Das App-Stöbern hat Suchtpotenzial! Hier können Sie stundenlang auf Entdeckungsreisen gehen und wegen der vielen kostenlosen Apps hemmungslos interessante Apps ausprobieren, löschen oder behalten und dann weiterreisen. Wie Sie mit der *App Store*-App reisen und über welche Stationen Ihre Entdeckungsreise führen könnte, erfahren Sie in den folgenden Abschnitten. Nutzen Sie iTunes auf Ihrem Computer, können Sie dort über die gleichen Stationen noch ein wenig komfortabler reisen, da sich diese alle auf einer Bildschirmseite befinden.

Highlights

Die *App Store*-App bringt Sie zur Willkommensseite des App Store, die auf Ihrem iPad die Bezeichnung *Highlights* hat und ein guter Ausgangspunkt zum Stöbern ist.

Die Bannergrafik der Willkommensseite ist animiert und zeigt im Wechsel entweder eine App, die als *Unser Tipp* gekennzeichnet ist, oder eine App-Sammlung zu einem bestimmten Thema wie etwa *Magazine mit Wohnideen* oder *Spaß mit Filtern*. Ein Klick auf den Grafikbereich führt Sie entweder zur App oder zur thematischen App-Sammlung, in der Sie dann herumstöbern können.

Bewegen Sie die Willkommensseite mit dem Finger nach unten, erscheinen verschiedene Bereiche wie etwa *Die besten neuen Apps* oder *Unser Tipp: Die Favoriten*, die Sie nach links bewegen können, um noch mehr von der jeweiligen App-Auswahl angezeigt zu bekommen. Zu jedem Bereich gehört außerdem der Eintrag *Alle anzeigen*, über den Sie eine noch wesentlich umfangreichere Auswahlliste aufrufen können. Ein Tipp auf *Highlights* am unteren Bildschirmrand bringt Sie immer wieder auf die Willkommensseite zurück.

Einige Zusammenstellungen sind durch etwas größere Grafiken besonders hervorgehoben. Dazu gehört auch die Sammlung *Neu im App Store?*, die Sie sich unbedingt einmal anschauen sollten. Tippen Sie auf die Grafik, landen

Sie in einer Auswahlliste mit besonders beliebten Apps, an deren Ende Sie
auf weitere Sammlungen stoßen.

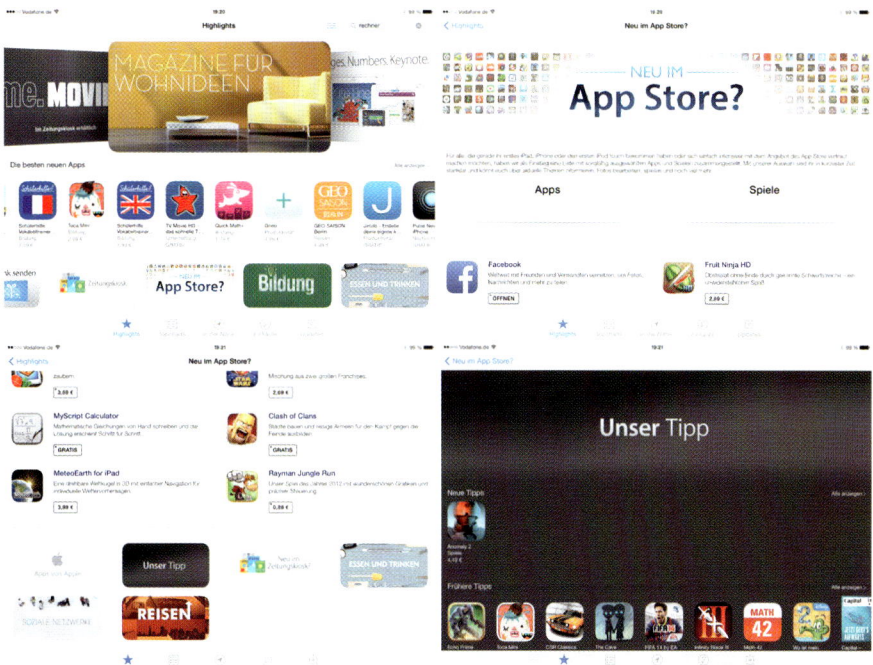

Von der Willkommensseite aus können Sie auch in der Sammlung **Neu im App Store?**
stöbern.

Tipps und Themensammlungen werden redaktionell betreut

Die App-Tipps und Themensammlungen der Willkommensseite werden redaktionell betreut und immer wieder neu zusammengestellt.
Nach welchen Kriterien das geschieht, ist nicht bekannt. Auffällig ist
der überwiegende Anteil kostenpflichtiger Apps. Als Ausgangspunkt
für Ihre Entdeckungsreisen sind diese Sammlungen dennoch sehr gut
geeignet.

Topcharts

Die Topcharts, die Sie mit einem Tipp auf das *Topcharts*-Symbol am unteren Bildschirmrand erreichen, bieten Ihnen vielleicht sogar eine noch bessere Orientierungshilfe. Im Querformat werden Ihnen in den drei Hitlisten *Gekauft*, *Gratis* und *Umsatzstärkste Apps* die jeweils 300 beliebtesten Apps angezeigt. Die Listen können Sie mit einem Finger nach unten und oben bewegen. Tippen Sie auf einen Eintrag, erscheinen die Detailinformationen, die Ihnen wieder die gewohnten Bereiche *Details*, *Rezensionen* und *Zugehörig* bieten.

*Über die Hitlisten **Gekauft**, **Gratis** und **Umsatzstärkste Apps** können Sie viele interessante Apps entdecken.*

Kategorien

Über den Eintrag *Kategorien*, der Ihnen links oben in der Kopfzeile des *Topcharts*-Bereichs angezeigt wird, können Sie sich unterschiedliche Topcharts zu bestimmten Themen anzeigen lassen. Öffnen Sie das *Kategorien*-Fenster, haben Sie die Auswahl zwischen insgesamt 24 Themenbereichen. Die Bandbreite reicht von *Bücher* und *Bildung* über *Finanzen* und *Kinder* bis zu *Wetter* und *Wirtschaft*. Haben Sie sich für eine Kategorie entschieden, erscheinen in den Hitlisten *Gekauft*, *Gratis* und *Umsatzstärkste Apps* jeweils 300 Apps, die diesem Themenbereich zugeordnet sind.

Über den Eintrag **Kategorien** *lassen sich Topcharts zu unterschiedlichen Themenbereichen anzeigen.*

„Gratis" heißt nicht ohne Umsatz

Schauen Sie sich die umsatzstärksten Apps etwas genauer an, stellen Sie fest, dass darunter auch jede Menge Gratis-Apps gelistet sind. Des Rätsels Lösung ist, dass die betreffenden Apps zwar tatsächlich kostenlos sind, aber durch „In-App-Käufe" erweitert werden können oder vielleicht sogar erweitert werden müssen.